Economia colaborativa: por dentro de uma transformação em curso no mundo dos negócios

Economia colaborativa: por dentro de uma transformação em curso no mundo dos negócios

Carlos Margarido

Rua Clara Vendramin, 58 – Mossunguê
CEP 8120-170 – Curitiba – Paraná – Brasil
Fone: (41) 2106-4170
www.intersaberes.com
editora@intersaberes.com

Conselho editorial
Dr. Ivo José Both (presidente)
Dr. Alexandre Coutinho Pagliarini
Drª Elena Godoy
Dr. Neri dos Santos
Dr. Ulf Gregor Baranow

Editora-chefe
Lindsay Azambuja

Gerente editorial
Ariadne Nunes Wenger

Assistente editorial
Daniela Viroli Pereira Pinto

Preparação de originais
Gilberto Girardello Filho

Edição de texto
Palavra do Editor
Guilherme Conde Moura Pereira

Capa
Iná Trigo (*design*)
Leika production/Shutterstock (imagem)

Projeto gráfico
Allyne Miara

Diagramação
Rafael Ramos Zanellato

Equipe de *design*
Débora Gipiela
Iná Trigo

Iconografia
Regina Claudia Cruz Prestes

Dados Internacionais de Catalogação na Publicação (CIP)
(Câmara Brasileira do Livro, SP, Brasil)

Margarido, Carlos
　　Economia colaborativa: por dentro de uma transformação em curso no mundo dos negócios/Carlos Margarido. Curitiba: InterSaberes, 2022.

　　Bibliografia.
　　ISBN 978-65-5517-452-6

　　1. Administração de empresas 2. Economia colaborativa 3. Negócios 4. Tecnologia I. Título.

21-78490　　　　　　　　　　　　　　　　　　　　　　　　CDD-658

Índices para catálogo sistemático:
1. Economia colaborativa: Administração de empresas　658

Cibele Maria Dias – Bibliotecária – CRB-8/9427

1ª edição, 2022.

Foi feito o depósito legal.

Informamos que é de inteira responsabilidade do autor a emissão de conceitos.

Nenhuma parte desta publicação poderá ser reproduzida por qualquer meio ou forma sem a prévia autorização da Editora InterSaberes.

A violação dos direitos autorais é crime estabelecido na Lei n. 9.610/1998 e punido pelo art. 184 do Código Penal.

Sumário

Apresentação   9

Parte 1
O que é colaboração?   15

Capítulo 1
As definições de negócios colaborativos   16
1.1 A definição pelo *crowdsourcing*   18
1.2 A definição pela economia bilateral (*two-sided markets*)   23
1.3 A definição pela economia do compartilhamento   30
1.4 Reflexões sobre as definições de negócios colaborativos   37

Capítulo 2
Por que a colaboração é um tema importante na administração de empresas?   38
2.1 A colaboração coordena usuários   39
2.2 A colaboração favorece experiências   42
2.3 A colaboração se aproveita de ociosidades   45
2.4 A colaboração distribui recursos   49
2.5 A colaboração mitiga *stranger danger*   52
2.6 Mídia social é colaboração?   56
2.7 *Coworking* e colaboração   59
2.8 O caso específico do *crowdfunding*   61

Parte 2
Contextualizando a colaboração 67

Capítulo 3
Macroambiente 68
3.1 Ambiente econômico 71
3.2 Ambiente sociocultural 76
3.3 Ambiente político-legal 80
3.4 Ambiente tecnológico 84
3.5 Ambiente ecológico 89
3.6 Sinergias e contradições 92

Capítulo 4
Microambiente 94
4.1 Marketing *mix* 96
4.2 A empresa e seus departamentos 99
4.3 Concorrência 100
4.4 Fornecedores 102
4.5 Clientes 103
4.6 Outros *stakeholders* 105

Capítulo 5
Desafios e armadilhas da colaboração 108
5.1 A "tragédia dos comuns" e o Napster 109
5.2 A expectativa da "plataforma final" e o porquê de o Uber ainda não ter lucro 113
5.3 Não é necessariamente sobre tecnologia: o caso da Blimo 116
5.4 Por que o Airbnb pode ser proibido em Berlim? 118
5.5 Aplicativos de entrega e precarização do emprego 121
5.6 *Astroturfing* e manipulações coletivas 124
5.7 Reflexões sobre os desafios e as armadilhas da colaboração 127

Capítulo 6
Mercados colaborativos e outras ciências   **130**
6.1 *Nudges* (economia comportamental) e contratos locais
de marca   131
6.2 Teoria dos grafos: pais no Facebook   134
6.3 *Machine learning* e o consumo de mídias por algoritmo   137

Parte 3
Exemplos de uso da colaboração   **143**

Capítulo 7
As múltiplas indústrias da colaboração   **144**
7.1 Mobilidade urbana   145
7.2 Logística de entregas   150
7.3 Mídias sociais   153
7.4 Relacionamentos   162
7.5 *Crowdfunding* (financiamento coletivo)   165
7.6 Consumo   170
7.7 *Marketplaces*   177
7.8 Viagens e turismo   183
7.9 Pesquisa e desenvolvimento (P&D)   187

Considerações finais   193
Referências   195
Sobre o autor   199

Apresentação

Em 20 de março de 2015, um empreendedor serial britânico, Ted Nash, sumarizou uma tendência global, de gestão e criação de valor, ao elencar em seu Twitter alguns dados sobre quatro conhecidas empresas:

> 1/ Uber, the world's largest taxi company, owns no cars.
> 2/ Airbnb, the world's largest accomodation provider, owns no real estate...
> 3/ Alibaba, the world's most valuable retailer, owns no inventory.
> 4/ Facebook, the world's most popular content platform, owns no content. (Nash, 2015a, 2015b)

Em tradução livre, ele disse:

1. "Uber, a maior companhia de táxi do mundo, não é dona de nenhum carro."
2. "Airbnb, o maior provedor de acomodações do mundo, não é dono de nenhum imóvel."
3. "Alibaba, o varejista mais valioso do mundo, não tem nenhum estoque."
4. "Facebook, a mais popular plataforma do mundo, não é dona de nenhum conteúdo."

Atualmente, essa lista só poderia ser aumentada, com exemplos novos e mais recentes, mas a base de seu raciocínio não deixou nem por um segundo de ser relevante, pelo contrário.

A realidade dessas e de outras empresas correlatas é que, por meio de uma série de transformações macroambientais (tecnológicas, demográficas, culturais etc.), elas desenvolveram modelos de negócios e gestão completamente disruptores.

Cada uma dessas organizações atua em mercados distintos, lida com desafios operacionais diferentes e trabalha com públicos que têm necessidades completamente heterogêneas. No entanto, todas estão conectadas pelo fato de que trabalham, de uma forma ou de outra, com um mecanismo mercadológico a que se convencionou chamar **colaboração**.

Nesse entendimento, *colaboração* é um conceito amplo e multifacetado, que encerra variadas nuances e suscita diferentes interpretações. Acima de tudo, trata-se de um tópico cada vez mais relevante, que impacta organizações, empresas e iniciativas, tanto internamente (gestão, RH, logística etc.) como externamente (modelo de negócios, marca, comunicação etc.).

Sob essa perspectiva, é uma obrigação do profissional da administração de empresas, e do gestor de organizações de forma mais geral, pesquisar e buscar compreender os fenômenos sociais que moldam seu tempo e regem a sociedade, tanto para gerar ideias novas quanto para manter as tradicionais ainda significativas.

Vivemos em uma época em que a confluência de uma série de movimentos macroambientais e microeconômicos acelera e solidifica a importância do tema da colaboração nas organizações empresariais de forma, no mínimo, indiscutível e completamente não ignorável.

A tecnologia transforma o mundo e a si mesma em um ritmo exponencialmente mais rápido, fornecendo plataformas e pontos de contato entre consumidores, empresas e, literalmente, todo e qualquer *stakeholder*, independentemente da consciência ou não dos gestores.

O comportamento humano é frequentemente reformulado nesse contexto. A tecnologia e a cultura retroalimentam-se, e paradigmas sociais que hoje tomamos como naturais seriam impensáveis duas décadas atrás e/ou considerados condutas de nicho nos anos 2010.

Ninguém escapa à velocidade e ao escopo das mudanças observadas, as quais afetam a vida de todas as formas possíveis. Como o capitalismo é moldado por valores como a livre concorrência, parece natural que os mercados sejam expostos a novos modelos de negócio, novos métodos de criação de valor e novas formas de gestão e comunicação que acompanhem tal panorama.

Como se diz comumente no contexto de análises dessas variáveis (como a matriz SWOT), a linha que distingue oportunidades de ameaças é não só tênue como também um tanto subjetiva.

No âmbito desse escopo, a colaboração evoluiu e passou de artifício de comunicação a conceito central por trás de negócios de sucesso e de formas de criar valor para clientes.

As realidades estão mudando, e disrupções não dão sinal de trégua. Então, é essencial conseguir solidificar um entendimento acerca do que dirige essa mudança e de como aprender a tirar proveito disso.

Tendo em vista o exposto, esta obra está dividida em três partes, as quais representam três conjuntos de metas, a saber:

1. sedimentar a definição de *colaboração* e seus usos na administração de empresas;
2. gerar um esboço do contexto no qual a colaboração afeta os negócios, as variáveis macroambientais e microeconômicas que favorecem o fenômeno;
3. estabelecer o estado da arte da utilização da colaboração na administração de empresas.

Desse modo, na primeira parte da obra, procuramos responder a uma questão que pode, de forma mais sintética, ser assim sintetizada: "O que é a colaboração no contexto da administração de empresas?". Logo, exploramos definições do fenômeno e apresentamos uma breve visão de sua história nesse contexto.

Essa parte alimenta-se bastante de teorias sobre uma série de conceitos que se tornarão familiares no decorrer da leitura, como *crowdsourcing*, economia do acesso, *crowdfunding*, *coworking*, *coliving*, *wikinomics* e empresas catalisadoras.

Na segunda parte, buscamos responder à pergunta "Por que a colaboração é um tema importante na administração de empresas?". Os capítulos dessa parte tratam dos motivos que conferem importância ao tema, considerando-se as perspectivas sociológica e econômica.

Abordamos, ainda, tópicos relacionados às pressões tecnológicas, como a *web* 2.0, a ascensão de plataformas de conteúdo e até a internet das coisas, além de *drives* socioculturais, como a cultura do acesso, a valorização das experiências e a realidade omnicanal.

Nessa parte, examinamos igualmente as variáveis competitivas que favorecem o uso da colaboração e seus impactos em diversos processos gerenciais, como precificação, logística, gestão de cadeia produtiva e marketing. Também analisamos como o conceito de colaboração tangencia outras ciências, como a economia, a psicologia e a matemática.

Por fim, na terceira parte, mapeamos os usos e as aplicações atuais do conceito, listando exemplos práticos e estabelecendo a conexão destes com as teorias exploradas até então. Nessa parte, intentamos responder à seguinte questão: "Como a colaboração é utilizada até hoje na administração de empresas?".

Nessa perspectiva, pontuamos e discutimos uma série de exemplos de empresas, negócios e organizações que de alguma forma se apropriam, em sua cadeia de valor, do conceito central de colaboração.

Este texto foi concebido para gestores, executivos, administradores, empreendedores ou estudantes que almejam operar em qualquer uma dessas funções. A obra parte do pressuposto de que o leitor tem alguma familiaridade com o campo da administração e consegue transitar entre termos como *SWOT*, *macroambiente*, *poder de barganha*, entre outros.

Além disso, assumimos que o leitor acompanha o mercado de consumo com uma certa curiosidade, isto é, que tem algum entendimento sobre o posicionamento e as operações de grandes empresas, como Airbnb e Amazon.

Certamente, ambos os requisitos citados não implicam o domínio de conhecimentos profundos e detalhados e, sempre que possível, oferecemos algum contexto geral para auxiliar o leitor. Ainda, quando for necessário dispor de mais informações sobre os casos enfocados, é válido acessar a análise apresentada na terceira parte do livro.

Bons estudos!

＃ Parte 1

O que é colaboração?

O Dicionário de Português da Google, proporcionado pela Oxford Languages, define *colaboração* como "trabalho feito em comum com uma ou mais pessoas; cooperação, ajuda, auxílio" (Colaboração, 2021). Essa definição é ampla e genérica, mas constitui-se em um ótimo começo para tentar compreender o poder de mudança que o conceito tem para os negócios.

O capitalismo é frequentemente associado à competição, e o livre mercado é, de fato, uma das partes mais importantes desse sistema econômico. A concorrência é uma das forças que motivam as organizações do mercado a mudar, melhorar e se reinventar. Evidentemente, sempre existiu espaço para a cooperação, mas a disputa e o conflito são mecanismos muito mais emblemáticos no mundo da administração.

Algo nessa escala dificilmente vai mudar. Entretanto, recentemente, o outro lado da moeda, a colaboração, passou a transformar o mundo do capitalismo em uma escala que não pode ser ignorada. Mas o que significa *colaboração* no contexto gerencial? Essa é a pergunta que norteará a primeira parte deste livro.

1 As definições de negócios colaborativos

Definir o conceito de *colaboração* nas ciências gerenciais é uma tarefa desafiadora não só pela complexidade do fenômeno e por suas infindáveis aplicações, mas também pelo fato de a ideia ser recente e ainda se encontrar em transformação.

É por isso que, em diversos momentos deste texto, um mesmo objeto ou fenômeno será tratado por diversos nomes. Embora funcionem basicamente como sinônimos, cada uma dessas expressões também reflete ligeiras diferenças de escopo ou cenário. Da mesma forma, ao longo do texto, usaremos palavras como *modelo*, *fenômeno* ou *ideia* para referenciar o mesmo conceito.

Consumo colaborativo e *economia compartilhada*, por exemplo, referem-se, basicamente, à mesma coisa, ao mesmo tempo que dão destaque a componentes ligeiramente diferentes da mesma questão.

Nesse sentido, neste trabalho, evitaremos perseguir uma única definição capaz de abranger todos os aspectos de um processo. Em vez disso, ofereceremos uma série de perspectivas. Tais visões serão sugeridas com o objetivo de se somarem e se sobreporem, e não em caráter restringente ou excludente.

O que vincula as definições entre si é a visão de que a colaboração está conectada a um ecossistema de negócios, à forma como diferentes agentes se relacionam e/ou à maneira pela qual uma função é concretizada. Assim, abordaremos essas molduras sempre norteados pela seguinte pergunta: "Como os negócios que as utilizam geram valor?".

Em outras palavras, examinaremos os mecanismos que tais negócios empregam em sua busca por monetização. Cada uma dessas formas de emoldurar o conceito de colaboração prevê maneiras diferentes de arregimentar receitas.

Cada uma das definições funciona sozinha, mas nenhuma delas engloba todo o conceito. Nesse sentido, neste capítulo, vamos nos dedicar a estudar o tema mediante uma abordagem teórica. Exemplos de como esse arcabouço se manifesta em negócios e na gestão estarão listados em momentos posteriores deste livro.

1.1 A definição pelo *crowdsourcing*

Crowdsourcing é uma expressão em inglês derivada de *outsourcing* (palavra anglófona para "terceirização"). O termo *crowd* é frequentemente traduzido como "massas", "turbas", "multidões", e a união de ambos os conceitos tenta significar algo como "terceirizado para as massas".

De forma geral, *crowdsourcing* pode ser definido como "selecionar uma função inicialmente praticada por funcionários e terceirizá-la para uma rede de pessoas indefinidas (e geralmente volumosa) na forma de um chamado aberto" (Howe, 2006, tradução nossa).

O *crowdsourcing* consiste em uma das formas de definir o que é a economia colaborativa pois sinaliza uma maneira de gerir negócios e gerar valor que, de certo modo, envolve alguma espécie de público em seu processo.

Na tentativa de fragmentar o conceito em partes mais exploráveis, vamos parafrasear essa definição e adotar a seguinte redação: *crowdsourcing* é o ato de delegar uma função, um processo ou a gestão de um recurso a um grupo de agentes externos, frequentemente efetuado por meio de uma chamada aberta ou relativamente não discriminatória.

Primeiro, a concepção de "ato de delegar" prevê a interpretação de que o modelo é uma ação. O mesmo raciocínio é expresso no inglês pelo gerúndio *-ing*. O *crowdsourcing* não é passivo; ele é um **processo**.

A ideia de "uma função, um processo ou a gestão de um recurso" é uma definição propositalmente abrangente. O *crowdsourcing* tem raízes históricas, mas a tecnologia, especialmente a internet, acelerou sua difusão e possibilitou aplicações e usos impensáveis há alguns anos. É interessante notar a adição de **gestão de recursos** à definição original. Essa nova categoria é particularmente importante para analisar casos específicos de *crowdsourcing*, como o *crowdfunding*.

A referência a "um grupo de agentes externos" alude à parte do conceito que demonstra a **externalidade** da proposta. O *crowdsourcing* não envolve funcionários internos ou *stakeholders* que prestam contas diretamente à empresa. Assim como na terceirização, ele existe a partir do momento em que um grupo de fora da empresa é envolvido em um processo interno.

A noção de ser "efetuado por uma chamada aberta ou relativamente não discriminatória" diz respeito à parte que diferencia a terceirização tradicional do que estamos discutindo aqui. "**Chamada aberta**" indica que, embora existam prerrequisitos técnicos, qualquer agente que se julgue capacitado pode tentar participar do processo.

No escopo deste trabalho, vamos nos aprofundar nas aplicações do *crowdsourcing* para a ciência administrativa. Porém, desde já é importante salientar que o conceito já foi e ainda é aplicado por organizações, pesquisadores e cientistas de todas as áreas, para a solução ou a aceleração de soluções dos mais diversos problemas.

1.1.1 *Crowdsourcing* na história

É bastante sedutor acreditar que um assunto tão relevante e disruptor tenha se originado em um passado recente. Isso principalmente porque, em suas encarnações modernas, a dependência da tecnologia da comunicação e a coordenação que a internet proporciona parecem indissociáveis do fenômeno.

No entanto, o que convencionamos chamar de *crowdsourcing* nos dias atuais consiste em uma moldura que pode ser aplicada a acontecimentos históricos. O interessante em estudar essas aplicações deriva do fato de que, por meio delas, evidenciamos os valores gerados por seu uso.

A forma mais comum de uso do *crowdsourcing* através do tempo é a premiação por desafio. Nessa modalidade, um problema com uma solução objetiva é postulado, e uma série de proponentes entrega suas soluções.

Destacamos aqui o caso ocorrido em 1783, na França. À época, na esperança de encontrar um método barato e confiável de produzir carbonato de sódio, a Academia de Ciências Francesa, patrocinada pelo Rei Luís XIV, decidiu mobilizar o público geral e ofereceu um prêmio financeiro para qualquer um que apresentasse o melhor e menos custoso método. Quem terminou vencendo foi um cirurgião recém-formado, para o qual a química não passava de um *hobby*.

Essa anedota ilustra bem o potencial que o *crowdsourcing* tem de explorar um potencial que nenhuma organização sozinha poderia deter. Por meio desse alcance, a colaboração gera valor dissociado de vieses e de miopias.

Outros usos do conceito, comuns na publicidade, são aplicados em concursos para a criação de logotipos ou de sabores, por exemplo. Nessas modalidades, a resposta buscada tende a não ser completamente objetiva e envolve, também, votações ou comitês de escolhas. O projeto arquitetônico da Casa de Ópera de Sydney, na Austrália, é um exemplo desse tipo de concurso.

Tais pinceladas sobre essas duas aplicações evidenciam que nem todas as encarnações do *crowdsourcing* como negócio colaborativo funcionam da mesma forma. É isso que exploraremos a seguir.

1.1.2 Considerações sobre o *crowdsourcing*

Prpic et al. (2015) aprofundam o estudo do *crowdsourcing* e diferenciam suas modalidades por tipos de uso. Eles dividem o método em quatro subgrupos e os organizam em um plano cartesiano, conforme exposto na Figura 1.1.

Figura 1.1 – Tipos de *crowdsourcing*

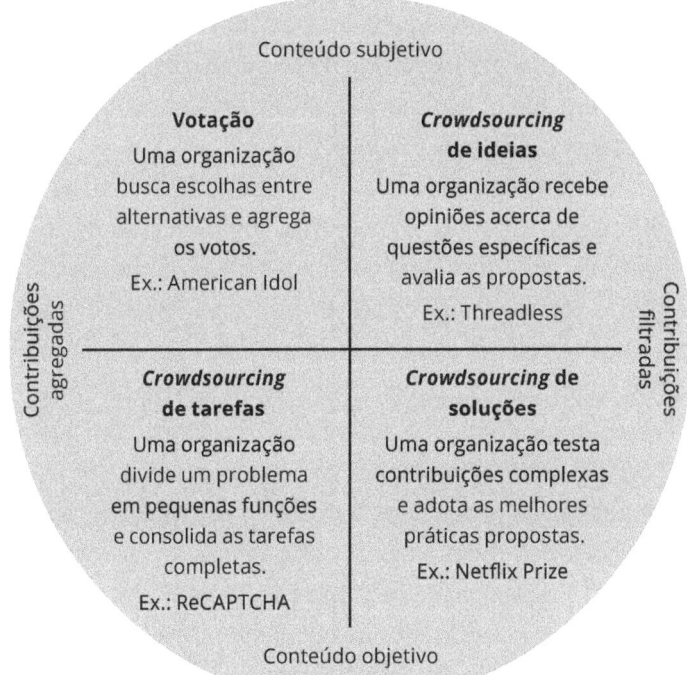

Fonte: Prpic et al., 2015, p. 5.

Na figura, a **abscissa** delimita o método por meio do qual os *inputs* da multidão são aproveitados. Em um lado, estão modelos em que as contribuições são agregadas, ou seja, o valor delas é gerado pela somatória de todas as entradas. No outro lado, estão molduras que filtram as respostas e escolhem uma ou algumas que foram recolhidas.

Um exemplo em que os dados são agregados é a Wikipédia. Quaisquer pessoas podem formatar um verbete. Além disso, elas podem corrigir umas às outras e discutir entre si para criar uma versão o mais acurada possível de dado verbete, gerada pela somatória de todas as contribuições.

Nessa categoria também estão ferramentas como a Amazon Mechanical Turk, em que cada participante atua isoladamente, e o resultado real é a somatória de todos. É o caso também de exemplos em que o resultado final é a média (ou outra manipulação estatística) de todas as inclusões.

Outros modelos de *crowdsourcing* operam filtrando as participações e selecionando as melhores, como no caso de concursos culturais, nos quais uma ou apenas algumas das ideias são premiadas. Nessas modalidades, uma ou algumas participações específicas terminam sendo relevantes, mas há um intuito de caráter hierárquico, e muitas colaborações são descartadas.

Exemplos incluem o *site* americano Threadless.com, no qual qualquer um pode submeter *designs* para camisetas, e os *layouts* mais votados são produzidos e postos à venda. Nem todas as sugestões são colocadas em produção; apenas as que receberem mais votos são selecionadas e, consequentemente, remuneradas.

Outro exemplo é o da iniciativa Connect + Develop, da gigante de bens de consumo Procter & Gamble. Trata-se de um programa que aceita ideias e processos de manufatura e logística de qualquer pessoa. Tipicamente, as submissões vêm de químicos e engenheiros capacitados (ou hobbystas aspirantes), mas apenas as que forem comprovadamente funcionais serão de fato recompensadas.

Já a **ordenada** considera a natureza dos *inputs* e alterna entre *inputs* objetivos e entradas subjetivas. Por *objetivo* entendemos algo que possa ser comprovado ou testado de alguma forma. As contribuições ao Connect + Develop podem funcionar ou não (sendo objetivas), enquanto as camisetas da Threadless são julgadas como moda e expressão (fatores subjetivos).

Programas de TV que lidam com votações da audiência são um bom exemplo de situações em que a natureza das contribuições é subjetiva. Cada espectador processa a própria opinião, e não existe nenhuma realidade consensual objetiva.

Por outro lado, na edição de um verbete na Wikipédia, existe uma realidade consensual. Há informações que não conferem, além de dados objetivamente errados. No caso da Wikipédia, os revisores do *site* constantemente tentam eliminar os conteúdos opinativos de cada entrada. A plataforma é criada para emular uma enciclopédia tradicional, na qual cada anotação é criada por especialistas nos temas e pautada no propósito de se tratar diretamente da "verdade".

1.2 A definição pela economia bilateral (*two-sided markets*)

O comércio pode ser caracterizado, de forma simplificada, como um sistema de trocas. Um agente com um item A deseja um item B. A prática do escambo resolve essa questão, mas de uma maneira imperfeita. Uma troca negociada caso a caso exige uma convergência de desejos entre os agentes, isto é, quem tem o item A tem de querer o item B em troca, e vice-versa.

As moedas de troca são formas de diminuir os atritos relacionados a essa atividade. A partir de sua invenção, em vez de se mediarem trocas personalizadas nas quais ambos os lados precisam chegar a um acordo sobre o que está sendo trocado, surge um ativo abstrato, aceito por ambas as partes e que permite inigualáveis simplificações e acelerações econômicas.

É uma tendência histórica da sociedade, e uma ampla fonte de inspiração mercadológica, reconhecer que haverá geração de valor sempre que os atritos entre dois públicos que desejam relacionar-se forem reduzidos.

Da mesma forma, um negócio colaborativo pode ser reconhecido como tal por gerar valor ao diminuir os atritos entre dois grupos ou, ao menos, dois usuários. Por exemplo, o aplicativo de paquera Tinder gera valor possibilitando que duas pessoas se conheçam de modo mais fácil. Já o Craigslist amplia essa base de interesses consideravelmente.

Os consoles de jogos (Playstation, Xbox etc.) podem parecer, a princípio, um produto só. No entanto, referem-se a tentativas de recrutar dois públicos diferentes: jogadores e desenvolvedores de jogos. Um compra o aparelho, e outro compra o risco de dedicar recursos para desenvolver jogos para a mesma plataforma e vendê-la para o primeiro. O número de consoles vendidos é importante para o desenvolvedor, e o número de desenvolvedores (traduzido na oferta de jogos do aparelho) influencia a decisão de compra do jogador.

A caracterização desses tipos de modelos de negócio como catalisadores é uma analogia proposta na obra *Catalyst Code*, escrita por David Evans e Richard Schmalensee (2007). Na química, um catalisador é uma substância química que, adicionada a uma reação entre outras duas (ou mais) substâncias, acelera a reação. O catalisador não é consumido no processo e pode ser usado novamente.

No livro, os autores definem o **catalisador econômico** como "uma entidade que tem (a) dois ou mais grupos de clientes; (b) que precisam uns dos outros de alguma forma; mas (c) não conseguem reter o valor de sua atração mútua sozinhos; e (d) precisam de um catalisador para facilitar entre eles reações que geram valor" (Evans; Schmalensee, 2007, p. 3, tradução nossa). Ainda de acordo com os autores, exemplos são "negócios, associações, cooperativas, órgãos governamentais e reguladores" (Evans; Schmalensee, 2007, p. 3, tradução nossa).

De forma mais ampla, esse fenômeno também vem sendo descrito por meio da expressão **mercados bilaterais**. Nessa visão (que talvez merecesse o nome *multilateral*), o agente explora uma posição intermediária e aceleradora em um mercado que deseja estar mais e mais conectado, mas que lida com uma série de atritos que a plataforma lubrifica.

É importante ressaltar que nem todo intermediário de transações é realmente integrante da economia bilateral. Um supermercado tradicional, por exemplo, trabalha com dois públicos, fornecedores e clientes, e todo o varejo é, em última análise, um atravessador entre a indústria e o consumidor final. Contudo, ao contrário de negócios colaborativos, como o Mercado Livre, em um supermercado comum, o fornecedor não acessa diretamente o consumidor. Os fornecedores vendem itens para o supermercado e, portanto, não decidem sobre preços para o consumidor final nem administram seus estoques. Ou seja, toda a autonomia dessas decisões está concentrada no supermercado.

Negócios que lidam com tais dinâmicas podem ser considerados colaborativos porque geram valor, criando conexões entre grupos de clientes, isto é, pavimentam colaborações de vários tipos.

1.2.1 Bilateralidade na história

Como levemente pincelado na descrição da analogia referente à criação do dinheiro (como moeda de troca), iniciativas multilaterais com vistas à diminuição de atritos e de custos de aquisição e contratuais existem em abundância na história.

A indústria financeira é um bom exemplo disso. Empresas de cartão de crédito, por exemplo, têm em sua origem a intenção de criar uma forma de agilizar transações e aumentar a conveniência dos envolvidos.

Em uma anedota popular, o Diners Club (o primeiro cartão de crédito) foi criado quando Frank McNamara saiu para jantar sem carteira. Na época, restaurantes aceitavam pagamentos em fiado, mas os casos eram negociados ao vivo, no momento da compra, e ambas as partes consideravam o processo arriscado e deconfortável.

Ele visualizou o conceito de uma terceira empresa, que garantiria o recebimento do comerciante (cobrando uma porcentagem da conta) e consolidaria os gastos dos clientes em uma única conta mensal. Trata-se de um modelo de negócios que revolucionou todas as indústrias.

Exemplos mais modernos de como esses tipos de mercado oferecem oportunidades singulares vêm da série histórica das chamadas *batalhas de formato*, que a indústria de entretenimento acumula através dos tempos.

Tais batalhas dizem respeito a momentos temporais em que tecnologias distintas, as quais precisam de aceitação do público e dos produtores de conteúdo, competem entre si para se tornarem mais relevantes. Podemos citar como exemplos os casos de VHS *versus* BetaMax, HD-DVD *versus* Blu-Ray e IMAX *versus* Dolby Cinema. Trata-se de formas de analisar a competição de modos mutuamente incompatíveis em um mesmo mercado. Um leitor doméstico de HD-DVD não lê Blu-Rays, e vice-versa.

Esses fenômenos envolvem muitos aspectos, mas ilustram perfeitamente questões estruturais importantíssimas para *players* que atuam em uma economia bilateral. O valor que a plataforma entrega para um dos dois públicos é exatamente a presença do segundo, ou seja, uma empresa precisa cativar ambos os lados para atingir qualquer espécie de sucesso.

Nesse sentido, muitas batalhas de formato não são vencidas pela tecnologia superior, e sim pela que consegue ganhar aceitação de forma mais acelerada. A vitória do Blu-Ray, por exemplo, é frequentemente atribuída ao fato de que a empresa que o capitaneava, a Sony, incluiu um leitor de Blu-Ray em um produto que já tinha alta demanda, o Playstation 3.

Desse modo, a Sony aumentou o número de consumidores com acesso à tecnologia, de uma forma que o HD-DVD, proposto pela empresa Toshiba, não conseguiu acompanhar. Com o tempo, mesmo os estúdios que a princípio apoiavam o HD-DVD, como a Warner, voltaram atrás, abandonando o formato e garantindo a vitória do Blu-Ray.

1.2.2 Considerações sobre economia bilateral

Quando nos debruçamos sobre o fenômeno da bilateralidade, especialmente com o viés do estudo em que se analisa como os mercados se encaixam como negócios colaborativos, duas questões importantíssimas e peculiares que valem nosso tempo são as pressões competitivas e o processo de precificação.

Entre as pressões competitivas tradicionais, uma que se destaca nesse contexto é a economia de escala. Todos os negócios que dependem de estruturas em rede, como é o caso aqui, tendem a estar sujeitos a fenômenos que derivam de quaisquer redes.

Na microeconomia clássica, os ganhos de escala vão sendo cada vez menores conforme a expansão da rede. Uma empresa que vende produtos de forma tradicional ultrapassa um limiar (dependente da elasticidade de sua demanda, entre outros fatores) em que o custo de aquisição de novos clientes se torna superior ao ganho de escala. Isso ocorre porque, ao integrar à demanda mais e mais consumidores, vão restando aqueles que tendem a ver menos valor na proposta da empresa, ou seja, eventualmente, atrair o cliente exige um custo maior do que o valor que ele pode trazer para a empresa.

Catalisadores, entretanto, não estão sujeitos a essa dinâmica, uma vez que sua proposta de valor é exatamente seu número de usuários. Ou seja, para um catalisador, cada novo cliente adiciona mais peso à plataforma e estimula mais clientes a se juntarem à rede. Quando discutirmos as armadilhas e os problemas de negócios colaborativos, voltaremos a esse tema. Por enquanto, é importante entender a peculiaridade desse modelo e como, sem regulamentação e restrições, ele leva a oligopólios naturais (e, em casos mais extremos, a monopólios também).

As questões de precificação são igualmente singulares, pois as empresas que atuam nesse modelo têm, por definição, dois públicos para os quais geram valor e, portanto, duas potenciais fontes de receita. Porém, como, de quem e quanto cobrar são decisões que, a princípio, podem parecer simples, mas muitas vezes não são.

Retomando-se o caso dos consoles, cabe observar que pode ser uma surpresa para alguns leitores, mas a maioria dos consoles não gera lucro com vendas. Os aparelhos são vendidos com margens baixíssimas (especialmente em sua primeira encarnação, quando o custo dos componentes tende a ser mais alto, havendo seu barateamento ao longo da vida da geração), e a verdadeira fonte de receita da empresa é o licenciamento que ela cobra por jogo vendido.

Nesse modelo, o console recebe o menor preço possível, muitas vezes até com prejuízos. Tudo isso para estimular as vendas e estabelecer um ecossistema que incentive desenvolvedoras de jogos a criar produtos para a plataforma, o que, por sua vez, gera as taxas de licenciamento, as quais verdadeiramente abastecem os cofres do *player*.

Empresas de cartão de crédito também contam com processos de precificação completamente assimétricos entre os públicos. Elas podem cobrar anuidades e juros dos detentores dos cartões, mas, da mesma forma, cobram taxas de desconto e antecipação de vendas dos estabelecimentos que fazem as vendas.

Na tomada dessa decisão, no mínimo dois aspectos devem ser levados em consideração: os custos variáveis que acompanham a utilização da plataforma pelos diferentes tipos de público e as distintas elasticidades das taxas de adoção.

As duas variáveis precisam se encontrar nos cálculos de precificação de qualquer empreendimento que pretenda atuar como um catalisador. A segunda pode ser usada para mitigar a primeira, como no caso dos consoles, ou elas podem se complementar, como no exemplo das empresas de cartão de crédito.

Um caso que demonstra a importância da precificação na economia bilateral refere-se à experiência da empresa de *softwares* Adobe com modelos completamente diferentes de remuneração para a tecnologia do PDF, um formato de arquivo para documentos que inclui suporte para texto e imagens. A empresa inicialmente vendia tanto os programas que editavam e criavam PDFs como os programas que liam o formato.

Todavia, a adoção do PDF só se tornou ubíqua (e lucrativa) quando as definições iniciais foram flexibilizadas. Os leitores se tornaram gratuitos, assim como algumas ferramentas de criação ("salvar como PDF", no navegador Chrome, por exemplo). A empresa segue cobrando por geradores e editores de PDF mais robustos, mas mudar a estratégia de cobrança facilitou a adesão do público (com um baixo custo variável, pois o mesmo código serve para todos os usuários), e a adesão do público aumentou o valor (e, portanto, o possível preço) dos editores.

1.3 A definição pela economia do compartilhamento

Uma constante em todos os aspectos do capitalismo e nos estudos que o abordam é o fato de que, com o passar do tempo, a economia vem se desligando da materialidade e passando cada vez mais a envolver ativos intangíveis, como conhecimento ou informação.

Esse fenômeno é sentido em todas as áreas e consiste em um exemplo perfeito da expressão *o espírito do tempo*. Nem o dinheiro usado na maior parte das transações do cotidiano de hoje é material. São cartões de crédito ou débito que operam com contas-correntes informatizadas que não refletem nenhuma riqueza (literalmente) material.

Por isso, talvez não surpreenda saber que caminhamos para uma economia de mercado também cada vez mais dissociada da propriedade e, em contrapartida, cada vez mais relacionada ao **acesso a experiências**.

Essa diferenciação está profundamente conectada aos negócios colaborativos, no sentido de que o acesso a experiências capacita a economia do compartilhamento, também referida como *economia do acesso*.

Nesse paradigma econômico, produtos se tornam serviços, e estes são capazes de reaproveitar ativos. A ideia é que esses modelos de negócio geram valor por meio da ênfase no uso, e não na posse.

Ao mesmo tempo, tais modelos frequentemente se baseiam no compartilhamento dos ativos, de forma que o consumo não esteja ligado ao bem em si, mas ao seu usufruto. Por exemplo, você não precisa de um motorista particular quando pode chamar um Uber.

A *economia do compartilhamento* tem raízes na contracultura, e a expressão inicialmente descrevia trocas essencialmente não monetárias que ocorriam pessoa a pessoa (*peer-to-peer*), em uma organização coletiva menos hierárquica e mais horizontal. Contudo, por meio da internet, a coordenação de pessoas sem lideranças e estruturas tornou-se muito mais fácil, e o conceito se expandiu enormemente, tanto que atualmente é considerado um subsistema econômico completamente *mainstream*.

Além de essa possibilidade se tornar exacerbada pela tecnologia, o modelo ecoa desejos mais minimalistas, ecossustentáveis e mais inteligentes de consumir. Em vez de comprar (muitas) peças (semi) descartáveis em lojas de *fastfashion* como a Urban Outfitters, cada vez mais pessoas em todo o mundo se inscrevem em programas de *closets* compartilhados, como é o caso do Nuuly (incidentalmente, financiado pela própria Urban Outfitters).

Em seu centro, a economia do compartilhamento existe em trocas *peer-to-peer*, comerciais ou não, de um bem ou serviço sem transferência permanente de propriedade. Ela diz respeito ao acesso e ao aproveitamento por terceiros de um ativo com tempo ocioso.

A expressão anglófona *peer-to-peer* designa transações entre pares ou ponto a ponto. É um termo emprestado da ciência da computação, que indica uma arquitetura de rede em que cada nódulo é usuário e servidor simultaneamente. Em marketing, o conceito também é identificado como C2C (ou consumidor para consumidor). Empresas que facilitam e organizam esse processo fazem parte da economia colaborativa.

1.3.1 O compartilhamento na história

Assim como no caso das outras definições discutidas, a economia do compartilhamento nunca esteve tão em voga, e, a princípio, parece ser difícil encontrar um exemplo de serviço compartilhado que não tenha se tornado escalonável apenas por conta dos avanços da tecnologia da comunicação e da informação.

Mas os exemplos existem. Um negócio que ilustra toda a definição apresentada, e que permanece relevante desde 1934, é o serviço de lavanderias *self-service*. Muito populares nos EUA, esses estabelecimentos alugam o uso de máquinas de lavar e secar roupas, normalmente com pouquíssimo emprego de mão de obra. O cliente se dirige a um endereço com suas roupas, opera ele mesmo a máquina e depois volta com as roupas limpas para casa.

Esse conceito surgiu no Texas, em uma época na qual ter uma máquina de lavar doméstica era um luxo reservado para poucos. Por isso, tal aposta encontrou um mercado receptivo em grandes centros urbanos, onde muitos apartamentos são pequenos. Além disso, é muito mais barato alugar o serviço quando necessário do que comprar um aparelho doméstico que seria usado apenas algumas vezes por mês.

É curioso perceber que a lavanderia *self-service* não está substituindo um autosserviço. A pessoa que a usa está tendo o mesmo trabalho que teria em casa (ou mais trabalho ainda, uma vez que precisa levar as roupas até a loja e, depois, retornar para casa). Assim, o "serviço" que esse modelo de negócio oferece é apenas o acesso a uma máquina.

O motivo pelo qual esse tipo de estabelecimento – popular, além dos EUA, em uma série de capitais europeias e asiáticas – nunca se espalhou no Brasil é uma incógnita à parte. Normalmente, atribui-se o fato ao comportamento do consumidor brasileiro, que tem acesso, por exemplo, a empregadas domésticas, uma categoria de serviço bem menos comum em economias mais desenvolvidas.

O exemplo é interessante porque denota que o impulso por trocar a propriedade de um bem pelo uso de um serviço sempre existiu. Ainda, uma visão pragmática de que o acesso é o que importa sempre ressoou entre os consumidores, desde que os incentivos econômicos (custos financeiros e custos de comodidade, por exemplo) estejam alinhados.

1.3.2 Considerações sobre a economia do compartilhamento

Como recém-comentamos, a cooptação da expressão *economia do compartilhamento*, que tinha um histórico de contracultura e resistência pelas ciências mercadológicas, foi um processo rápido que englobou diversas áreas. O potencial econômico dessa indústria é completamente avassalador. Empresas desse setor crescem em velocidade inimaginável, e novos negócios com essa lógica continuam surgindo o tempo todo.

Essa promessa começa por dois raciocínios que se autoalimentam continuamente. O primeiro se refere ao subaproveitamento de ativos, tanto os físicos quanto os mais abstratos, como perícias específicas ou o próprio tempo de cada um. O segundo diz respeito à possibilidade, para qualquer um, de alcançar algum ganho econômico, social ou ecológico mediante um melhor aproveitamento desses ativos.

Em nossa sociedade, existem diversos ativos subaproveitados. Considera-se, por exemplo, que um veículo é usado por aproximadamente 5% do tempo e fica estacionado (portanto, ocupando espaço nas cidades) pelos 95% restantes. E os carros são apenas um exemplo. Essa lista pode envolver de quartos vazios a furadeiras guardadas no armário, de brinquedos e roupas infantis que precisam ser descartados quando as crianças crescem a livros arrumados em uma estante.

As mudanças tecnológicas que vivemos não só aceleraram a percepção dessas ociosidades, por permitir medições imediatas, como também possibilitaram organizar essa condição em redes e *marketplaces*, de forma a trabalhar na liquidação de tais ativos e na distribuição coordenada dessa liquidez.

As plataformas vão ainda mais além, pois acabam criando um tipo de interação humana que reincorpora o social ao econômico, muitas vezes por necessidade. Várias empresas envolvem em seu serviço maneiras bilaterais de avaliar serviços, com o objetivo de mitigar abusos e fraudes, além de evitar a má qualidade de atendimento. Mecanismos dessa natureza transformam a compra em uma experiência a ser avaliada imediatamente, e por meio dessa avaliação outros usuários são informados, o que pode gerar decisões de bloqueio, por exemplo.

Ao mesmo tempo, essa liquidez pode ser revertida facilmente em dinheiro, a partir da perspectiva do consumidor comum. Oportunidades assim sempre existiram – não é incomum alugar para um vizinho uma vaga de garagem não utilizada, por exemplo –, mas a escala, a velocidade e o custo de aquisição para encontrar o cliente ideal foram muito lubrificados pela tecnologia. Existem poucas oportunidades de geração de renda mais simples do que disponibilizar um recurso desocupado, via uma rede ágil e desburocratizada.

Nenhuma outra nação do mundo parece ter compreendido a importância desses valores melhor do que a China, país que dispõe de um ecossistema digital de aplicativos bastante peculiar.

As políticas restritivas do governo para a operação dos grandes *apps* ocidentais, além da chamada "Grande Firewall da China" (uma política legislativa que veta, bloqueia e censura *sites* estrangeiros e nacionais, por razões políticas), truncam ainda mais o funcionamento de gigantes como o Google e o Facebook.

Essa condição criou o WeChat, um exemplo de *superapp* com diversas funcionalidades. Pelo WeChat, é possível conversar com outras pessoas, comprar produtos, jogar, pedir refeições, chamar um táxi, ler notícias e até mesmo agendar consultas médicas. Ao contrário do observado no restante do mundo, que dividiria essas tarefas (e, portanto, os dados que elas geram e agregam) entre diversas empresas, o WeChat concentra essas demandas e é controlado pelo governo, que estabeleceu a economia do compartilhamento como prioridade nacional.

Em 2015, ao se compararem as ofertas municipais (públicas, mistas e privadas) de bicicletas compartilháveis, exemplos como Paris, Montreal ou Nova York eram tão eclipsados pelas iniciativas chinesas que os primeiros 20 maiores programas desse tipo estavam em território chinês.

Além disso, motivos culturais presentes na China demonstraram que qualquer tipo de estigma negativo em relação ao uso compartilhado foi rapidamente erodido pelas vantagens econômicas. Os *superapps* e a cultura chinesa atuaram juntos para tornar reais as aplicações do conceito que permanecem sendo tentadas no restante do mundo sem grande sucesso, especialmente no setor de aluguéis *peer-to-peer*, ou seja, de consumidor para consumidor.

Literalmente tudo pode ser comercializado dessa forma pelo WeChat. É possível alugar as ferramentas de um vizinho, pedir emprestada uma bola de basquete e até mesmo comprar itens específicos das dispensas presentes nas casas da vizinhança. Essa frente de negócios é vislumbrada há muito tempo em diversos mercados do mundo. Contudo, por enquanto, o único *player* que parece ter sido capaz de realizar essa promessa é o *superapp* chinês.

Os exatos motivos disso estão aí para serem entendidos e pesquisados. Podem estar relacionados às crenças e aos valores da sociedade, à confiabilidade e à capilaridade de um *app* tão enraizado ou às pressões econômicas sobre a classe média chinesa – e provavelmente envolvem essas e muitas outras variáveis.

Pelo menos por ora, nenhuma outra empresa conseguiu reunir todas as circunstâncias apropriadas para construir um negócio em torno dessa prática.

1.4 Reflexões sobre as definições de negócios colaborativos

O intuito deste capítulo foi oferecer um panorama compreensivo de diversas molduras e enquadramentos que podem ser usados na expectativa de entender e qualificar a aplicação da colaboração no mundo dos negócios.

Tais categorizações não se pretendem exclusivas. Há espaço para outros recortes que não só estudem a colaboração por outras perspectivas, mas também se concentrem em indústrias específicas, ambientes de negócio próprios ou cadeias de geração de valor em particular.

E, definitivamente, as categorizações apresentadas não devem ser encaradas como mutuamente excludentes. Pelo contrário, a maior parte dos exemplos evocados até agora – e no decorrer de todo este livro – podem ser interpretados pelas três óticas simultaneamente.

Elas foram divididas em três exatamente para demonstrar como, na ciência, e especialmente no estranho misto de humanidades e matemática que configura a administração, o mesmo fenômeno pode ser descrito de várias maneiras – um raciocínio que pode muito bem ser completamente revertido para significar que o envolvimento com os diversos lados das mesmas questões ajuda a gerar ideias inovadoras, eficientes e eficazes.

2 Por que a colaboração é um tema importante na administração de empresas?

Agora que já analisamos algumas formas de abordar o que é a colaboração e como esse conceito se encaixa no contexto das ciências gerenciais, neste capítulo discutiremos exemplos e aplicações do modelo colaborativo.

O objetivo é elencar diversas ações que a colaboração viabiliza, problemas que ela resolve e possibilidades que ela fomenta, sempre com alguma evidência prática de seus usos e das consequências resultantes.

Examinaremos oito frentes de atuação. Essa listagem não deve ser entendida como completamente representativa de todos os aspectos possíveis no campo em questão, pois não só o assunto é amplo, como também ainda está frequentemente se transformando. Nesse sentido, tais frentes serão propostas para ilustrar como as molduras conceituais que discutimos no capítulo anterior estão sendo aplicadas para gerar novas ideias e negócios e, ainda, de que maneira mecanismos de colaboração resolvem problemas de forma criativa e disruptora.

2.1 A colaboração coordena usuários

Uma das forças da economia colaborativa é seu potencial de arregimentar e envolver uma extensa lista de indivíduos. Muitos negócios funcionam especificamente como uma plataforma para reunir pessoas e geram valor conectando indivíduos e mercados. Mesmo quando atuam com formatos mais tradicionais de direcionamento, como o de um para todos, a escala de pessoas que as iniciativas que empregam colaboração conseguem ativar é, de longe, bastante particular.

Atualmente, é muito comum discutir de que forma algoritmos e o aprendizado de máquina (*machine learning*, em inglês) estão constantemente criando aplicações para a inteligência artificial que, até pouco tempo atrás, eram consideradas inalcançáveis. Hoje, os programadores finalmente conseguem criar robôs (programas de computador que repetem uma tarefa) capazes, por exemplo, de reconhecer algarismos em letras cursivas diferentes, mais ou menos tão bem quanto um ser humano.

Mas até para treinar esses algoritmos faz-se necessária uma ampla gama de dados – nesse exemplo, imagens de diversas caligrafias previamente identificadas por humanos. Trabalhos como esse e correlatos (por exemplo, identificar imagens que contêm um automóvel) são muitas vezes chamados de *human intelligence tasks* (HITs), ou "tarefas de inteligência humana", em tradução livre.

As HITs são pequenas funções que, embora possam parecer banais e simples para qualquer pessoa mesmo sem nenhum treinamento específico, continuam sendo impossíveis para qualquer programa de computador atual. Elas estão frequentemente associadas com bases de dados gigantescas as quais nenhum ser humano poderia processar sozinho, mas que exigem capacidades inerentemente humanas, como o reconhecimento de objetos, de rostos humanos, de padrões de grafia, entre outros.

Além disso, as HITs também existem em situações mais específicas. As ações de escrever descrições de produtos, responder a perguntas simples de potenciais compradores ou fornecer alguma espécie de assistência remota podem, frequentemente, ser realizadas por pessoas com base em um manual, sem a necessidade de treinamento, mas estão além da capacidade de qualquer operador automatizado.

Para lidar com questões como essa, a Amazon tem um serviço chamado Mechanical Turk, frequentemente referido como MTurk. A plataforma permite que empresas, qualquer tipo de organização e mesmo pessoas físicas acessem um número gigantesco e diverso de *crowdworkers* para realizar esse tipo de tarefa, mediante o pagamento de centavos por iteração.

Tal aplicação é um exemplo perfeito de *crowdsourcing*, coordenando usuários de toda a rede com um objetivo comum e permitindo que qualquer pessoa troque seu tempo por uma remuneração financeira. O MTurk é um intermediário, pois conecta pessoas com tempo livre a requisitores que poderiam beneficiar-se de muitos indivíduos lidando com um grande número de microtarefas.

O nome do serviço é inspirado em uma suposta máquina autômata de xadrez do século XVIII. A máquina se chamava O Turco e ficou bastante popular na época, pois derrotou, por exemplo, Napoleão Bonaparte e Benjamin Franklin. Porém, na realidade, o dispositivo era uma fraude, operada por um mestre enxadrista que se escondia dentro do suposto mecanismo. A referência ecoa o conceito de se utilizarem operadores humanos para praticar tarefas que parecem mecânicas.

Embora tenha sido criado para lidar, principalmente, com as demandas de dados usados para treinar algoritmos, como é costume nas plataformas colaborativas, o MTurk passou a atender a outras demandas que fogem desse escopo.

Uma indústria que adotou o serviço e vem sendo instrumental em sua divulgação diz respeito às pesquisas acadêmicas das ciências sociais. O tamanho das amostras, sua heterogeneidade e, principalmente, o fácil acesso revolucionaram as possibilidades de experimentos que cientistas sociais de todas as áreas (da antropologia à economia, passando pela psicologia e pela publicidade, por exemplo) conseguem realizar. O Mechanical Turk pode ser usado para pesquisas éticas em uma escala sem precedentes, além de permitir que os pesquisadores acessem uma base amostral completamente diferente do grupo tradicionalmente empregado – estudantes universitários.

As possibilidades desse tipo de mercado foram utilizadas para além das aplicações pragmáticas e geraram diversos projetos artísticos. Por exemplo, em 2010, o artista plástico Aaron Koblin solicitou que 10 mil usuários desenhassem uma ovelha olhando para a esquerda; a cada participante foi pago o valor de 2 centavos de dólar. A coleção dos desenhos foi reunida em um painel gigante chamado The Sheep Market (Mercado de Ovelhas). O mural foi exposto em diversas exibições de arte em todo o mundo.

Exemplos como esses facilmente demonstram que o MTurk é uma ferramenta poderosíssima. Mas cabe aqui levantar uma questão referente aos valores éticos desse tipo de remuneração. Uma pessoa pode passar uma semana completando tarefas no serviço e realmente ganhar alguma renda extra. Contudo, essa renda virá de um "trabalho" completamente desregulamentado e sem nenhum vínculo ou benefício trabalhista, frequentemente remunerado com menos que um salário mínimo. Esse dilema não é único dessa modalidade de colaboração e será abordado mais adiante nesta obra.

2.2 A colaboração favorece experiências

Uma função pela qual a colaboração se destaca é a geração de experiências. Como a colaboração, seja por meio do *crowdsourcing*, seja por meio do compartilhamento, frequentemente gera valor mediante a agregação de recursos ou ofertas de um grande número de diferentes usuários, é comum que a escala em que esses negócios operam eclipse outras formas de organização. Porém, tal escala é também qualitativamente diferente, uma vez que cada prestador de serviço atua de forma isolada e, nesse sentido, propõe vivências diferentes.

Esse argumento é fácil de enxergar quando comparamos a capacidade hoteleira de uma cidade à oferta de leitos do Airbnb, por exemplo. Além de a plataforma ter a capacidade de hospedar a mesma quantidade de turistas, cada anfitrião oferece algo completamente diferente em termos de decoração, localidade, preços e outros aspectos, ao contrário dos hotéis, que contam com quartos padronizados.

Essa premissa se repete em outras indústrias. O "chamado aberto" da colaboração abre espaço para uma extensa lista de possibilidades associadas ao engajamento dos próprios usuários. O compartilhamento reduz as barreiras de entrada e empodera quem contribui.

Um exemplo válido dessa aplicação é o jogo Mario Maker, da Nintendo. A organização é conhecida no Ocidente como uma grande empresa de jogos e consoles de *videogame*, mas sua história no Japão começou em 1889, quando foi fundada para vender jogos de carta. A empresa entrou no mercado de jogos eletrônicos em 1977 e, desde então, permanece bastante relevante. A Nintendo saiu oficialmente do Brasil em 2015, por conta de impostos de importação e da pirataria, que dificultavam seu posicionamento e sua lucratividade; no entanto, seu maior mascote, o encanador Mario, continua muito popular por aqui.

Mario é o protagonista de uma série de jogos da empresa: simuladores de corrida, jogos de luta, *party games* e tantos outros, mas seus maiores sucessos são do genêro plataforma, em que o personagem pula e corre entre plataformas, enfrenta inimigos e coleciona itens de bônus. É um gênero acessível para todas as idades e conta com uma curva de aprendizagem que aceita desde jogadores casuais até verdadeiros atletas. Trata-se de uma das maiores propriedades intelectuais do meio.

Com uma comunidade tão grande e diversificada de fãs, é natural esperar que o apetite pelos jogos seja bastante elástico. A demanda por fases para treinar e jogar sempre excedeu muito a oferta. Esse tem sido o caso há tantos anos que se tornou até relativamente comum que *hackers* e programadores criassem fases *fanfic*s (termo em inglês que designa a ficção criada com base em alguma propriedade intelectual estabelecida sem autorização – apenas na condição de fã).

A história do Mario Maker honra esse legado. O jogo permite que qualquer usuário crie fases para o jogo, e tais fases são compartilhadas pela internet para que qualquer um possa jogá-las. Ele foi inicialmente concebido como uma ferramenta interna da empresa, exatamente para facilitar e envolver diversos *designers* na criação dos desafios. Contudo, a própria equipe reconheceu como o dispositivo era divertido e começou a pleitear lançá-lo como produto.

O Mario Maker é um indiscutível sucesso de vendas. Sua primeira versão foi construída para o console Wii U, e a atual versão, que roda no Nintendo Switch, foi lançada em 2019 e já vendeu quase 6 milhões de cópias. Mas a alma do jogo é sua comunidade *on-line*, em que as fases criadas são distribuídas entre os usuários. Dessa forma, qualquer um pode ser o criador, e o ecossitema que emerge é semelhante ao do YouTube ou do Twitch.

Na realidade, as possibilidades são tão extremas que a empresa sempre soube que poderiam beirar a canibalização. Exatamente por isso o jogo só permite criar fases em duas dimensões – um estilo mais tradicional que já foi bastante explorado – e manteve os novos jogos oficiais no mesmo gênero plataforma, mas em 3D. Ainda, intencionalmente atrasou o lançamento (o conceito remonta a 1990) para desenvolver uma linha de sucesso que se utilizava de mais uma dimensão. Nesse sentido, a Nintendo também desvalorizou o mercado competidor dos jogos de plataforma 2D, que foi, durante anos, um filão lucrativo para produtoras menores e mais independentes.

O número de fases disponíveis no jogo é incomparavelmente maior do que o de qualquer jogo oficial e, literalmente, aumenta a cada minuto. Uma pessoa pode jogar ininterruptamente, fase atrás de fase, e desfrutar de dificuldades diferentes, propostas singulares e até níveis construídos em torno de trocadilhos, matemática ou mesmo arte, disputando recordes mundiais de velocidade ou concorridos troféus e *badges*.

Por ser deliberadamente simples e acessível, o Mario Maker é quase uma rede social. Os jogadores competem por um *ranking* global, e os criadores de fases concorrem pelo interesse em seus *uploads*. Existem até comunidades que se especializam em tipos de fases.

A história de adaptar um aparato para uso interno e transformá-lo em produto, abraçar e facilitar um comportamento já presente na comunidade de usuários e criar uma plataforma que reúne jogadores e criadores, de um modo que afeta toda uma indústria talvez irreparavelmente, é um exemplo indiscutível do potencial da colaboração.

2.3 A colaboração se aproveita de ociosidades

Com frequência, a colaboração constitui-se em uma forma de agregar valor por meio de pequenas tarefas e, muitas vezes, está relacionada à possibilidade de se conseguir rotacionar ativos entre diferentes usuários, de modo a aproveitar melhor recursos que estariam sendo subutilizados.

Quando se fala disso, é natural entender esse raciocínio aplicado a bens materiais que não são totalmente utilizados, como carros ou ferramentas. Porém, a mesma lógica pode ser empregada quando se trata de recursos menos tangíveis, como o tempo ou o poder de processamento ocioso dos computadores domésticos, como veremos no exemplo a seguir.

O poder de processamento reflete a capacidade de um computador manipular dados. Quanto mais poderoso, mais rápido ele pode operar funções complexas, pois as fragmenta em pequenas tarefas e vai resolvendo uma a uma. O poder de processamento é uma das variáveis computacionais, ao lado da capacidade de armazenamento e da memória RAM, que vem crescendo exponencialmente em capacidade e barateando na mesma proporção. Na computação, existe até um postulado, conhecido como *lei de Moore*, segundo o qual tais variáveis dobram e caem pela metade, respectivamente, a cada 18 meses mais ou menos.

Na atualidade, muito se comenta sobre o fato de que qualquer celular tem muito mais poder processual do que os computadores usados pela Nasa para enviar os primeiros homens à Lua, em 1969. Isso é verdade, mas pode levar a um entendimento de que hoje temos a capacidade tecnológica de lidar com qualquer problema, sem restrições – o que não é o caso.

Embora os computadores atuais sejam pujantes o suficiente para muitas das funções cotidianas, é bastante difícil prever em quais questões o aumento da rapidez e do armazenamento computacional pode ajudar. Mesmo assim, atualmente já existem pesquisas e aplicações comerciais que dependem dessa ampliação. Tais iniciativas, normalmente ligadas a alguma forma de um amplo conjunto de dados, estão além da capacidade de qualquer máquina comercial – mesmo as sofisticadas opções para *gamers* e editores de vídeo.

Esses empreendimentos recorrem à construção de supercomputadores, alocados em gigantescas instalações onde computadores de alta qualidade são conectados em rede, alcançando velocidades bastante expressivas. Tais máquinas são complicadas de montar e caríssimas para manter, e definitivamente não estão acessíveis a qualquer um. Algumas grandes universidades americanas, por exemplo, mantêm supercomputadores compartilhados por diversos usuários, mas, mesmo em cenários como esse, as demandas vão muito além da oferta.

Um dos experimentos científicos que estão na categoria de alta demanda e baixa oferta diz respeito ao conjunto de programas e estudos coletivamente denominados *Search for ExtraTerrestrial Intelligence* (SETI), ou "Busca por Inteligência Extraterrestre", em português. Entre vários procedimentos, uma das ações do SETI é escanear o Universo à procura de sinais de rádio residuais que contenham um padrão. A hipótese é que civilizações alienígenas avançadas provavelmente emitiram sinais de rádio ordenados, como acontece na Terra. Muitos fenômenos astronômicos produzem ondas de rádio. Nesse sentido, a busca é exatamente para encontrar, em todos esses dados, alguma espécie de padrão que denotaria uma mensagem autônoma, ainda que não fizéssemos ideia de seu conteúdo, e a partir daí seguir o rastro até sua origem.

As dúvidas que programas como esse podem elucidar são inerentes à existência humana. Mesmo assim, com a baixa probabilidade (talvez até nula) de sucesso e a dificuldade de traduzir os resultados em políticas ou tecnologias cotidianas, não é de estranhar que o projeto não seja prioritariamente financiado.

Outros projetos, voltados, por exemplo, à previsão do clima, à tradução de línguas antigas, a tratamentos biomédicos que buscam por formatos específicos de proteínas, encontram-se em situação semelhante. A solução que cada vez mais esforços perseguem é utilizar o *crowdsourcing* em um modelo conhecido como *voluntariado computacional* (VC).

Essa ideia tem diversas encarnações, mas o conceito envolve aproveitar o pequeno poder processual de cada computador doméstico para, em larga escala, emular as capacidades de manipulação de um supercomputador.

Uma dessas aplicações, chamada BOINC (Berkeley Open Infrastructure for Network Computing), consiste basicamente em baixar um descanso de tela. Descansos são, tipicamente, animações que mantêm imagens em movimento na tela quando o computador é abandonado para impedir que o monitor "queime" marcando uma imagem estática projetada por muito tempo. Quando o terminal é abandonado, esse programa não só gera uma animação na tela, como também passa a usar a CPU para processar tarefas da lista de uma série de iniciativas de pesquisa. Ele opera essas demandas em *background*, mesmo que o computador esteja *off-line*.

O BOINC, ligado à Universidade de Berkeley, em Nova York, é a versão mais recente usada pelo SETI para distribuir suas necessidades computacionais. A iniciativa anterior, SETI@home, contava com mais de 2 milhões de usuários em 223 países e, no ano de 2008, chegou a ser a entidade com maior poder computacional do planeta, sendo depois ultrapassada por supercomputadores, que hoje podem ser até 50 vezes mais potentes que o atual estado da rede.

A demonstração de que o uso da colaboração pode romper barreiras que isoladamente parecem intransponíveis é uma das maiores lições no estudo dessa forma econômica. Ademais, embora muitas plataformas tendam a tentar remunerar os usuários financeiramente, o caso do BOINC evidencia que aplicações que se constroem em torno de outros incentivos além do lucro também têm grandes possibilidades de sucesso.

2.4 A colaboração distribui recursos

Quando apresentamos a economia do compartilhamento, fizemos referência ao fato de que, em sua origem, o termo era usado por ativistas e pela contracultura, mas foi recentemente cooptado para ser incluído no vocabulário da gestão de organizações.

Olhando de uma perspectiva tão ampla, pode parecer que, embora tenham o mesmo nome, as duas encarnações do conceito sejam radicalmente diferentes. Mas não é o caso. Na realidade, grandes iniciativas privadas, que visam à obtenção de lucro, encontram análogos nas criações desses ativistas.

Aqui examinaremos duas dessas expressões: uma no mercado da mobilidade urbana e outra no mercado hoteleiro. Ambos os exemplos precedem a explosão do uso da colaboração por empresas na escala atual, e um deles na verdade é da década de 1960.

A contracultura como um todo foi um apanhado de movimentos jovens, muitos em faculdades, ligados à contestação dos valores conservadores. Trata-se de um período histórico que envolveu casos em todo o planeta, caracterizado pelas lutas por igualdade (de gênero, cor, credo) e pontuado pelo reconhecimento de estilos de vida alternativos como parte integrante e sadia da sociedade.

Entre essas redes, conectadas por rádios locais e zines, uma das mais interessantes foi o movimento holandês Provos, que teve seu auge entre 1964 e 1966. Por ser tão relevante na história holandesa, foi um dos grandes responsáveis por diversas legislações liberais do país (a legalização da maconha e da prostituição, por exemplo).

Os Provos eram um grupo de artistas e políticos. Seu nome deriva do fato de que sua principal práxis era provocar reações violentas da polícia com bom humor, em manifestações pacíficas e com elementos lúdicos. A ideia era expor à imprensa o autoritarismo da força policial e a impraticabilidade de políticas legislativas, tais como a "guerra às drogas".

Por exemplo, os Provos promoviam um jogo com as autoridades chamado *Marihuettegame*, em que o objetivo era ocasionar ações policiais contra cidadãos que não estavam incorrendo em crimes. Era comum fumar orégano nas ruas ou emular redes de tráfico vendendo comida de cachorro. Em certo momento, o movimento estabelecia toda uma logística clandestina para transportar bens lícitos e chegou até a conseguir causar batidas policiais em rodovias por horas, via mensagens anônimas para a polícia, sem quebrar nenhuma lei.

Os Provos vestiam-se de branco, e seu elemento mais politizado criava propostas de lei – os chamados *Planos Brancos* –, as quais eram frequentemente submetidas à câmara legislativa de Amsterdam. Havia o Plano das Chaminés Brancas para reduzir emissões poluentes, bem como o Plano das Esposas Brancas, que envolvia educação sexual e distribuição de anticoncepcionais para mulheres, por exemplo. O mais relevante para nossa discussão é o Plano das Bicicletas Brancas.

Esse projeto de lei incluía o fechamento do centro de Amsterdam para o trânsito de qualquer veículo motorizado e a compra de 20 mil bicicletas brancas que seriam bens públicos para qualquer um usar. A ideia era que as bicicletas fossem compartilhadas por todos os cidadãos e turistas, servindo como meio de transporte oficial na região central. O plano foi negado pelos vereadores e, então, o movimento decidiu colocá-lo em prática sozinho, espalhando bicicletas brancas sem cadeado. Mais tarde, a cidade proibiria bicicletas sem proteção, o que levou à adoção de cadeados numéricos, com a senha pintada em vermelho no quadro.

Em outras palavras, o que eles "envisionaram" como um programa público de transporte coletivo terminou sendo realizado mais de 50 anos depois pela iniciativa privada. Empresas como a Yellow e diversos outros *players* (principalmente na China) oferecem hoje, basicamente, o mesmo serviço, porém pago. O brilhantismo do movimento também concebeu o Plano dos Automóveis Brancos: uma ideia similar, com carros elétricos públicos e compartilhados para transporte intermunicipal, que nunca foi executada.

Outro exemplo de como a vanguarda transgressora muitas vezes antecipa comportamentos que depois são adotados por segmentos mais amplos da atuação é o CouchSurfing, uma organização sem fins lucrativos criada em 1999 para organizar e facilitar a hospedagem de turistas nas casas de outras pessoas.

O nome da plataforma – que, literalmente, significa "surfe de sofá" – e a tendência da organização de não remunerar financeiramente as pessoas que oferecem vagas possibilitaram a criação de uma comunidade de viajantes que conseguem hospedar-se de graça por curtos períodos na casa de residentes locais em troca de companhia, e não de dinheiro.

Essa aplicação do mesmo conceito do Airbnb a um comportamento muito mais "nichificado" (os incentivos para participar, tanto para quem disponibiliza o "sofá" quanto para quem "surfa", são completamente diferentes) diferencia a organização. O CouchSurfing tem diversos tipos de precificação, do gratuito ao anual, mas não existem transações econômicas entre os usuários (o que, aliás, não é permitido nos termos de serviço).

Tais demonstrações (de que os conceitos por trás dos negócios bilaterais e dos que usam o *crowdsourcing* para operar estão circulando como oportunidade há muito tempo pelo imaginário coletivo da sociedade) indicam que a inspiração para qualquer gestor pode vir de qualquer lugar – até mesmo do sentimento anticorporativo.

2.5 A colaboração mitiga *stranger danger*

As inovações tecnológicas que criaram e popularizaram a internet sempre envolveram a ideia de conectar pessoas. Desde cedo, estava claro o potencial impacto que essa nova forma de agregar teria sobre as transações econômicas.

Um dos primeiros estilos de vida que foram completamente catalisados foi o dos colecionadores. A internet podia ligar colecionadores de qualquer coisa (selos, brinquedos, moedas etc.) com uma velocidade e abrangência que nenhuma mídia até então havia conseguido alcançar. O poder de dar voz e permitir interações sobre interesses claramente "nichificados" foi uma das forças motrizes dos primeiros dias da rede mundial de computadores.

Não é de surpreender que um dos negócios colaborativos mais antigos, o eBay (e seu homólogo latino-americano, o Mercado Livre), tenha surgido especificamente para permitir vendas entre pessoas com esse mercado em mente. A primeira venda no *site* foi uma caneta *laser* quebrada por pouco menos de U$ 15. A venda chamou tanta atenção que o desenvolvedor entrou em contato com o comprador para verificar se ele sabia que o produto não funcionava. E a resposta foi que o comprador sabia e colecionava tais itens.

Nesse momento, o eBay proporcionou uma experiência econômica, tanto para vendedores quanto para compradores, muito singular na época. Qualquer pessoa podia criar um leilão (até então, a plataforma só trabalhava com essa forma de transação) de qualquer item e para mercados de nicho, como o de colecionadores.

O crescimento do eBay foi rápido, voraz e logo suscitou uma questão que assombra boa parte dos negócios colaborativos até hoje e que em inglês se convencionou chamar de *stranger danger*. O termo cobre uma série de desconfianças mútuas entre desconhecidos e, em sua origem, dizia respeito a comportamentos *off-line*. No entanto, aplica-se perfeitamente aos negócios colaborativos.

Para o correto funcionamento dessas iniciativas de negócios colaborativos, por exemplo, você precisa entrar no carro de um desconhecido, passar uma noite em um quarto na casa de alguém, comer uma comida sem saber onde foi preparada etc. Então, como uma sociedade que desconfia cada vez mais de seus vizinhos (estudos demonstram que nos EUA a taxa de pessoas que confiam em estranhos vem caindo constantemente desde 1970 e atingiu o patamar dos 30%) consegue confiar em um motorista qualquer (Crockett, 2018)?

Isso ocorre porque um dos poderes dos negócios colaborativos é mitigar o *stranger danger*. Os negócios colaborativos de sucesso trabalham para reconstruir essa narrativa e fazem isso propagando a plataforma, e não o prestador do serviço. Você não confia diretamente na pessoa de quem está alugando um quarto, confia na comunidade do Airbnb, e, mesmo que tenha uma experiência ruim de acomodação, entende que deixar um comentário negativo será uma contribuição.

Os sistemas comunitários de avaliação bilateral são a base do primeiro processo que conclui essa tarefa. Praticamente todas as empresas que atuam no setor dispõem de algum mecanismo para isso, e muitas barram consumidores e fornecedores que recebem avaliações negativas constantes.

No começo do eBay, antes da solidificação desse tipo de mecanismo, riscos de fraude, problemas com envio, disputas financeiras, entre outros fatores, não só afastavam novos clientes, como também taxavam exponencialmente a equipe da empresa com reclamações, mesmo que infundadas. Criar uma validação bilateral para que todos pudessem dar notas para suas interações gerou uma resposta para esse problema e ainda trouxe a vantagem de reafirmar a sensação de comunidade entre os usuários do *site*, ou seja, ajudou a resolver a situação e, ao mesmo tempo, engajou o consumidor.

Mecanismos dessa natureza não precisam envolver necessariamente uma distribuição de estrelas, como é comum no Uber ou no Yelp. A Endossa, loja colaborativa brasileira, é um conceito de varejo *off-line* em que produtores alugam pequenos espaços físicos para vender seus produtos. A empresa estabelece uma meta de vendas para as marcas, uma forma de agregar as decisões de compra dos consumidores em uma votação. Marcas que não alcancem a meta (chamada internamente de *endosso*) por alguns períodos consecutivos têm de abrir espaço para outro fornecedor.

Além do ranqueamento, outra estratégia mais recente é utilizar o que na economia comportamental é chamado de *nudge*. Tal conceito será desenvolvido na sequência desta obra, mas, em suma, refere-se a pequenas atitudes relativas à apresentação de um conteúdo que demonstram grandes resultados na transformação do comportamento do usuário.

Nesse sentido, *players* do mercado colaborativo constroem pequenos perfis de usuários, com foto, nome e alguma outra informação. Quando o aplicativo apresenta o prestador à pessoa, ele o faz com todas essas informações juntas. Esse artifício é usado como um truque para o cérebro. Associar uma foto a um nome emula o processo natural de conhecer um estranho e descobrir seu nome e, comportamentalmente, trabalha para diminuir a desconfiança.

Dito isso, o sistema não é perfeito. Não é difícil encontrar casos de péssimo tratamento de prestadores de serviços contratados por redes sociais, especialmente no que tange a minorias e/ou mulheres. Porém, por conta do poder de agregação das plataformas colaborativas, tais acontecimentos são encarados como desviantes, exemplos de uma "maçã podre" que, ao ser identificada, pode ser retirada do cesto.

O eBay é uma das muitas formas de aplicação do conceito de *marketplace on-line*. Os *marketplaces* constituem uma forma simples, mas poderosa, de colaboração. Nesse modelo, um mesmo endereço virtual é compartilhado por diversas empresas, cada uma responsável pela administração da própria carteira de produtos, isto é, várias empresas podem se inscrever para vender e revender seus produtos.

Cada anunciante lida isoladamente com sua precificação, sua comunicação, seus estoques e sua logística de entrega. A plataforma abre oportunidades para o *cross-selling* (quando um consumidor que procura um item específico compra também outro produto complementar) e o *up-selling* (quando o consumidor compra uma versão mais lucrativa do que o produto que estava procurando). De forma geral, os *marketplaces* concentram muitas ofertas de produtos e operadores, além de oferecerem uma parada única para várias demandas de grandes tipos diferentes de consumidor.

Enquanto as maiores empresas do setor, como Amazon, Submarino e Americanas, constroem ecossistemas para a maior parte de produtos possíveis em várias categorias diferentes, também há espaço no mercado para iniciativas mais "nichificadas".

O Enjoei é uma organização desse tipo. Aberta em 2009, em São Paulo, a empresa até oferece frentes de venda para muitos tipos de produtos, como decoração e papelaria, mas seu foco é indiscutivelmente a comercialização de roupas, especialmente no mercado de *second hand*.

Esse conceito, que nada mais é do que a venda de peças usadas – como em um brechó, mas de forma mais direta, pessoa a pessoa –, é o carro-chefe do *site*, como o próprio nome busca evidenciar.

Genéricos ou especializados, os *marketplaces on-line* são negócios colaborativos porque unem pessoas e geram valor apoiados em chamados abertos e no compartilhamento de bens.

2.6 Mídia social é colaboração?

Toda mídia que depende de anúncios pode ser considerada um negócio bilateral. Para funcionar de forma lucrativa, o veículo precisa ter leitores e anunciantes, e o valor para o segundo grupo está estritamente relacionado ao tamanho e à qualificação do público. Nesse sentido, seria possível propor o argumento de que os meios de comunicação são, em sua maioria, negócios colaborativos.

Contudo, é fácil entender que veículos tradicionais, como jornais e TVs, não costumam figurar como *players* desse emergente mercado, e há bons motivos para isso. Eles trabalham com rígidos controles editoriais, tanto no jornalismo quanto na ficção, e usam métodos de precificação e cobrança tradicionais.

O argumento é muito diferente quando tratamos das mídias sociais. Redes sociais sempre foram a realidade da internet, tanto para reunir públicos de interesses conjuntos quanto, até mesmo, para jogar conversa fora em um *chat* na página de um portal. No entanto, essas ferramentas se popularizaram muito desde o início da década de 2000 até a atualidade. Não só se tornaram fáceis de utilizar, como também alcançaram públicos de todos os recortes sociais e construíram verdadeiros impérios de mídia no processo.

O Instagram está muito mais próximo de um negócio colaborativo do que qualquer revista, por mais moderna que esta possa ser. E isso, em primeiro lugar, porque o produto do Instagram, isto é, o conteúdo que ele oferece, é produzido pelos usuários. O Instagram (que foi comprado pelo Facebook em 2012 por U$ 1 bilhão) conecta pessoas que compartilham e dividem suas fotos sem um controle unificado. O conteúdo é literalmente fornecido pelo usuário final.

Além disso, a plataforma se monetiza vendendo minianúncios. Essa aplicação de *crowdsourcing* na receita, operacionalizada de forma completamente autônoma, ainda tem a vantagem de permitir um nível de segmentação da audiência que não tem precedentes. O Google desenvolveu muito esse modelo desde 1999. Os anúncios são vendidos sem participação humana, espalhados por algoritmos com base nas configurações do anunciante.

Então, sim, mídias sociais são negócios colaborativos em um sentido mais amplo e serão abordadas neste livro. Manteremos nosso foca na colaboração sem tentar delimitar o que é uma mídia social e o que não é. O Tinder, por exemplo, é claramente um negócio colaborativo, mas, mesmo se monetizando com publicidade, talvez seja muito mais um serviço do que uma mídia. O valor é gerado quando duas pessoas se conectam para além da plataforma.

Uma mídia à qual daremos mais ênfase neste momento é o YouTube. Essa plataforma tem as mesmas características que apontamos em relação ao Instagram: compartilha conteúdo gerado pelo usuário e ganha dinheiro por meio de um sistema *self-service* de micropropagandas.

Entretanto, o YouTube dá um passo além que é bastante relevante: ele remunera diretamente o produtor de conteúdo. É bastante possível ser *influencer* no Instagram e conseguir monetizar seus *likes*, mas isso ocorre por meios indiretos. A pessoa (ou empresa) usa os atributos de seus seguidores (quantidade e qualificação) e combina *posts* pagos ou alguma espécie de endosso em troca de uma recompensa financeira. O YouTube é diferente no sentido de que repassa diretamente para o criador parte do que arrecada com os anúncios.

Tal mudança na política de incentivos que a plataforma propaga – a promessa de uma forma simples de remuneração – transforma o escopo dos projetos. Ainda, as duas plataformas operam com paradigmas de busca completamente diferentes. Uma pesquisa no Instagram não retorna *posts*, mas perfis, *hashtags* e locais, ou seja, você nunca vai encontrar um *post* específico sobre um assunto. Já no YouTube, uma busca resulta em conteúdos, vídeos publicados sobre o assunto – não há como procurar no Instagram um tutorial de como furar uma parede.

Embora outras plataformas tenham tentado operar com o mesmo modelo de negócio, nada do tamanho do YouTube já surgiu, e as pressões econômicas (especialmente os preços de servidores para rivalizar com a escala da biblioteca) indicam que um concorrente de peso exigiria muito investimento. Assim, reduzir todas as corretas circunstâncias para virar esse jogo ficam cada vez mais difíceis.

Essas duas diferenças impactam diretamente o ecossistema de negócios que cerca o criador e, o que é mais relevante para nós, alimentam outros serviços colaborativos, como o Catarse (o maior *player* de *crowdfunding* no Brasil) ou o Padrim (maior *player* brasileiro de financiamento coletivo recorrente). Tais iniciativas são frequentemente empregadas por criadores para conseguirem mais fontes de renda, e todos os projetos nesses tipos de rede incluem, em geral, um vídeo no *site* do YouTube.

Debruçar-se sobre como essas diferenças se expressam na personalidade dos dois serviços é um exemplo claro de como uma forma de precificação diferente impacta por completo o produto em si. Tipos de cobrança distintos (e nesse caso, de remuneração) estimulam comportamentos diversos e contribuem para modelos mais únicos e diversificados.

2.7 *Coworking* e colaboração

A popularização da informática e da internet transformou o ambiente de trabalho tão profundamente quanto diversas outras facetas da vida e, atualmente, não é surpresa que a imensa maioria dos postos de trabalho inclua um computador com acesso à rede. Com a disseminação dos computadores móveis, dos *tablets* e até das possibilidades de se trabalhar pelo celular, o que havia por muito tempo ficado confinado a escritórios acabou tomando as ruas.

Revoluções como essa mudaram todo o trabalho, mas afetaram de maneira mais rápida os trabalhadores autônomos e independentes, além de terem gerado uma demanda por espaços que pudessem oferecer serviços a tais profissionais. Esses espaços proveriam mais infraestrutura (salas de reunião, café, impressoras etc.) e fomentariam um ambiente de trabalho inspirador e fértil.

Esses tipos de espaço acabaram sendo conhecidos coletivamente como *coworking*, ou escritórios compartilhados, e podem variar: há associações de pequenas empresas que dividem um imóvel, cooperativas de trabalhadores *freelancers*, incubadoras de novos negócios e, o mais comum, prestadores de serviços.

Negócios como esses são colaborativos não só porque compartilham espaço e outras ferramentas, mas também porque geram culturas casuais e favorecem imensamente o *networking* entre diferentes profissionais. O *coworking* conecta pessoas e pode ser responsável por ajudar a montar cadeias de mantimentos inteiras de forma orgânica e fluida.

As vantagens do modelo também incluem conseguir uma localização central para os clientes e ter a possibilidade de organizar reuniões de um modo mais profissional, além, claro, de permitir que muitos custos associados à manutenção de um escritório sejam rateados entre várias pessoas. Ainda, o *coworking* tende a ser muito melhor em termos de custo-benefício.

Embora o conceito esteja bastante associado ao trabalho em escritório, atualmente já é comum encontrar iniciativas nas quais se aplica a mesma modelagem ao contexto de outras indústrias. Existem consultórios compartilhados em que atendem desde psicólogos a dentistas (cada um com suas demandas de infraestrutura específicas) e há, até mesmo, cozinhas de aluguel para *chefs* profissionais (e amadores confiantes).

Muitos outros tipos de espaço podem ser considerados *coworkings*. São lugares compartilhados que visam promover o trabalho criativo e a realização de produtos.

Em São Paulo, a prefeitura da cidade criou um programa chamado Fab Lab Livre SP. O projeto, que concentra seus espaços em regiões periféricas da cidade, consiste em laboratórios e oficinas de fabricação digital com impressoras de tecido, cortadoras a *laser* e até impressoras 3D. O serviço é completamente gratuito, e o espaço também investe em cursos e oficinas de capacitação profissional. Ao todo, são 12 endereços na cidade, nos quais se disponibilizam máquinas com diferentes especificações capazes de transformar em realidade diversos escopos de projeto.

2.8 O caso específico do *crowdfunding*

Embora, a esta altura, seja fácil perceber que toda uma pletora de recursos pode ser arregimentada por meio da colaboração, existe um tipo de ativo tão necessário e fundamental para qualquer operação dentro da lógica de nossa sociedade que merece um certo tratamento especial: o dinheiro.

O *crowdfunding* se refere à aplicação da colaboração com vistas a levantar dinheiro. O conceito consiste em reunir pessoas que precisam de dinheiro para um projeto e em interessados no acontecimento desse projeto. Assim, indivíduos podem apoiar uma causa e ser remuneradas por um produto. Você pode, por exemplo, ajudar a financiar a infraestrutura de manufatura de um relógio e receber o produto final, e o dono do projeto usa o dinheiro para finaciar, no mínimo, a produção de um lote.

O poder de conseguir angariar grandes somas de dinheiro mediante um imenso número de contribuintes é uma noção fácil de entender, mas difícil de não ser subestimada, especialmente quando se considera o que muda para empreendedores e para a economia criativa em geral. Não é de estranhar, então, que tal noção não seja tão nova assim.

É evidente que a tecnologia e a cultura finalmente reuniram todas as circunstâncias corretas para popularizar o conceito, mas a prática já era comum para livros, por exemplo, e muitos países, durante a Segunda Guerra Mundial, criaram iniciativas de financiamento coletivo via microtransações.

Contudo, o surgimento de plataformas *on-line* como mediadoras expandiu o conceito para além dessas indústrias. Nesse sentido, embora o financiamento coletivo de livros ainda permaneça representando uma parcela significativa dos casos, há outros exemplos em abundância.

Na atualidade, existem basicamente duas formas de *crowdfunding*: uma em que se financia um projeto específico e uma em que se assina algum serviço. Na segunda categoria, os apoiadores se comprometem em arcar com alguma mensalidade, normalmente ajudando a monetizar canais de conteúdo ou alguma outra espécie de clube de vantagens. Já no primeiro caso, o ato ou produto resultante é encarado mais com uma entidade separada.

Tais arrecadações são seguras porque, além de todas as checagens burocráticas da plataforma, o dinheiro só é de fato desembolsado e transferido quando atinge alguma marca mínima, definida pelo proponente. Muitas vezes, essas metas existem em níveis, isto é, quanto maior for a arrecadação, mais complexo o projeto se tornará complexo (mais páginas ou capa dura; uma nova cor para uma pulseira, entre outros exemplos).

O exemplo que examinaremos aqui é o do impacto dessa modalidade de alavancagem no mercado da música, especificamente na organização de eventos e *shows*. A indústria do entretenimento é um negócio multifacetado e global que inclui muitas variáveis, tanto sociais (que tipo de música é popular e qual é o público) quanto financeiras (o cachê da bandas internacionais é muito afetado por variações cambiais, por exemplo). Além disso, decisões como o local e a data e a imprevisibilidade climática adicionam ainda mais risco. É fato que nenhum *player* nesse mercado conseguiu ganhar a relevância que negócios colaborativos alcançaram em outras indústrias.

No entanto, iniciativas localizadas atingiram graus de sucesso relevantes. No começo da década de 2010, a empresa Queremos! conseguiu utilizar o financiamento coletivo para realizar vários *shows* de diversas bandas *indie* na casa de *shows* Circo Voador, no Rio de Janeiro. A plataforma existe até hoje e, embora siga muito identificada com essa cidade, já contribuiu para a realização de mais de 3 mil eventos pelo mundo.

A iniciativa permitia que fãs criassem e divulgassem campanhas para solicitar a realização de *shows* de determinadas bandas em cidades específicas. A partir disso, agentes e bandas (ou até o próprio Queremos!) podiam propor preços de ingresso. Se as contas fechassem para todos, o evento acontecia.

O acesso às informações e ao dinheiro dos fãs para custear um evento que literalmente só será cobrado se realmente acontecer funciona muito bem, especialmente para artistas mais "nichificados". Plataformas como o Queremos! podem ser essenciais para conseguir mensurar o potencial do tamanho do público e ajudar a identificar a melhor estratégia de precificação.

O financiamento coletivo mudou para sempre as opções de crédito de qualquer tipo de empresa, principalmente as iniciantes e as menores. Porém, o artifício também não está livre de problemas. Alguns projetos não terminam com todas as partes satisfeitas. Não são raros os casos em que as promessas feitas na época da captação não foram totalmente cumpridas. Existem fraudes, mas são mais comuns erros nos cálculos para a produção em massa ou referentes à má gerência de alguma parte da cadeia de suprimentos. Além disso, muitos empreendimentos podem menosprezar os custos dos *upgrades* que oferecem para baterem metas.

Em todo caso, o *crowdfunding* é um exemplo bastante específico de colaboração, mas muito peculiar e relevante.

Parte 2

Contextualizando a colaboração

Na segunda parte deste livro, vamos analisar as forças ambientais e as tendências de mercado que impulsionam os negócios colaborativos. O objetivo é delinear os múltiplos contextos que favorecem o crescimento desse mecanismo, bem como os impactos que seu uso tem causado em diversos aspectos do tecido social.

3 Macroambiente

O macroambiente diz respeito a tudo o que envolve uma organização, bem como ao contexto em que a empresa ou projeto se encontra. Mapear, estudar, discutir e compreender o macroambiente é uma tarefa cotidiana para qualquer gestor.

É importante, também, entender que o macroambiente representa a realidade organizacional em uma escala tão ampla que ele é, por definição, incontrolável. E quase nenhuma organização pode sozinha interferir nele. Além disso, seu escopo é maior do que qualquer mercado, setor ou região.

Nesse sentido, o macroambiente é um dado, e todo o planejamento tem de ser construído ao redor dele. Porém, assim como todas as relações da sociedade, ele é volúvel e praticamente sempre muito difícil de ser previsto. Então, o que faremos aqui é muito mais uma retrospectiva contemporânea do que um exercício de previsão.

O macroambiente é formado por todo o conjunto da sociedade e, para estudá-lo, convenciona-se dividi-lo por tópicos para discussão. No entanto, não podemos perder de vista que esses não são ambientes isolados ou autônomos; pelo contrário, eles constroem a tessitura da sociedade em conjunto.

Em uma análise nesse escopo, é relevante estabelecer as dinâmicas preponderantes do presente – o estado do agora, por assim dizer –, bem como tentar enxergar as tendências que se avizinham no horizonte e entender o que se está construindo a seguir. A análise do macroambiente é uma grande fonte de oportunidades a serem exploradas e de ameaças a serem mitigadas.

Ainda, o macroambiente é um assunto que nunca pode ser esgotado. Ele pode ser abordado de inúmeras maneiras, e suas imbricações e relações são tão complexas que é possível aprofundar-se imensamente em cada uma. Partindo-se da perspectiva de uma empresa específica, de um mercado individual ou de cada tipo de produto, o mapeamento final pode ficar completamente diferente. O conjunto todo é um só, mas as relevâncias são seletivas.

Dessa forma, o estudo do macroambiente que apresentaremos a seguir visa emoldurar o entorno da fomentação, da gestão e da expansão dos negócios colaborativos.

Um dos ambientes fundamentais na análise de um setor, por qualquer tipo de gestor, é o ambiente econômico. Conceitos como a distribuição de renda de uma população, as diferentes rendas discricionárias de perfis de consumidores, a disponibilidade do crédito, entre outros, são fundamentais na construção de expectativas de demanda, decisões de precificação e posicionamento.

O ambiente sociocultural diz respeito ao estudo do comportamento dos indivíduos, como consumidores ou como *stakeholders*, isto é, refere-se às atitudes das pessoas em face de estilos de vida e à forma como constroem seu senso de identidade, trabalham, se divertem e consomem.

A esfera do governo é, sem dúvida, um importante alicerce da sociedade, estabelecendo o que pode ou não ser feito, regulamentando relações econômicas e adjudicando disputas entre partes. Tais questões são concernentes ao ambiente político-legal.

Por sua vez, o ambiente tecnológico envolve as possibilidades que o avanço tecnológico traz consigo. A tecnologia é uma fonte de ferramentas e, certamente, uma das maiores forças disruptivas na sociedade como um todo. Assim, trata-se de um tópico que requer muita atenção.

Por fim, mas definitivamente não menos importante, o ambiente ecológico representa os impactos físicos dos negócios nos recursos do planeta. Esse ambiente inclui, também, ponderações sobre a escassez de matérias-primas, o custo da energia, os níveis de poluição, entre outros fatores.

3.1 Ambiente econômico

A análise do ambiente econômico é, possivelmente, a mais óbvia. Negócios têm como objetivo gerar lucro, e mesmo organizações voluntárias ou outros tipos de organizações não governamentais (ONGs) têm contas a pagar e estão indubitavelmente inseridas no ambiente econômico.

Esse ambiente rege uma série de variáveis que impactam diretamente a gestão cotidiana. Políticas fiscais e monetárias influenciam o custo do capital, a inflação afeta qualquer precificação, e a situação da economia (em recessão, recuperação, depressão ou crescimento) informa qualquer decisão de investimentos.

Atualmente, a economia global é um sistema cada vez mais conectado e interdependente, e o produto mundial bruto (PMB) – um equivalente ao produto interno bruto (PIB) em um nível global – já começa a ser assunto nas tomadas de decisão das maiores empresas do mundo. O conceito vem sendo monitorado por organizações globais, como o Banco Mundial, que estimou para o PMB de 2020 um valor próximo a 84 trilhões de dólares internacionais (o dólar internacional é uma unidade conceitual de medida que leva em conta a paridade do poder de compra de um dólar em outras moedas) (World Bank, 2021).

Contudo, a maior parte das empresas atua em um escopo muito mais localizado. Além disso, ao contrário de ambientes como o tecnológico ou o ecológico, o ambiente econômico está mais próximo do político-legal, no sentido de que barreiras entre países, por exemplo, incorrem em realidades diferentes. A unidade federativa do território – em nosso caso, o Brasil – é imperativa para uma leitura correta da situação.

Isso não significa que apenas conglomerados transnacionais precisam expandir essa análise. Frequentemente, também é válido examinar a conjuntura da indústria em questão (varejo, bancária, editorial etc.) em relação a outras economias, em especial as mais desenvolvidas, uma vez que padrões de consumo podem se espalhar e se popularizar em momentos distintos e em diferentes países.

Nesse sentido, vamos focar tanto as condições das economias brasileira e mundial como alguns dados econômicos referentes à indústria da colaboração. Essa análise não será extensa e tentaremos evitar concentrá-la nos números. Preferimos adotar uma abordagem mais direcionada aos movimentos econômicos e ao seu impacto direto no ambiente de negócios.

A economia brasileira não está em seu melhor momento. O país se vê mergulhado em um ciclo entre a desaceleração do crescimento, a recessão e uma retomada que não engrena pelo menos desde 2013, quando as complicações econômicas recentes se iniciaram.

O que marca esse período, além da desvalorização do real em face de outras moedas, é a repetida diminuição da taxa Selic. Essa iniciativa conseguiu baixar a taxa, historicamente altíssima no Brasil, para níveis comparáveis a economias europeias muito mais estáveis, como a Itália. A boa notícia é que a inflação, tão perene na história brasileira, permanece sob controle, mesmo com a Selic caindo.

Entretanto, infelizmente – e este é o problema atual –, essa diminuição constante não parece estar resultando na aceleração dos investimentos que seria esperada. A economia brasileira, especialmente a do setor industrial, encontra-se estagnada. Mesmo com a queda da taxa-base, o preço do crédito no Brasil ainda é muito caro, tanto para empresas como para pessoas físicas. Ou seja, desligar o país dessa sensação de estancamento é um desafio real sem respostas fáceis.

Mesmo assim, o encolhimento da economia não é nem de longe a principal preocupação. O Brasil é um país extremamente desigual, e essa particularidade tem impactos na vida cotidiana de todas as classes. Da borda dos esquecidos que vivem sem as mais básicas infraestruturas até os bilionários que se cercam de seguranças para caminharem pela cidade, todos sentem o impacto da má distribuição de renda.

Era impossível abrir qualquer análise de ambiente econômico no começo da década passada sem citar o crescente poder de compra da classe C, mas é fácil perceber, atualmente, que esse assunto não se faz mais presente nas mesas de reunião. E o debate se intensifica pois o Brasil está inserido em uma tendência global de achatamento não só de tamanho, mas também de poder de compra da classe média, enquanto as pessoas de classes mais abastadas continuam acumulando riquezas e elevando seu patamar de vida.

Dados da Organização para a Cooperação e Desenvolvimento Econômico (OCDE) mostram que as famílias de classe média estão cada vez mais endividadas, lidando com custos de vida crescentes e com receitas que mudam pouco ano a ano (frequentemente, mal cobrem a inflação) (Pozzi, 2019). É importante lembrar que uma classe média numerosa e estável é exatamente o que termina caracterizando as chamadas *economias desenvolvidas*. A existência de um massivo substrato econômico com essas características é o que induz a um mercado interno pujante e resiliente.

Esse movimento tem diversas causas. É integrado pelo aumento do custo de vida, passa pelo afunilamento e pela crescente competição no mercado de trabalho, bem como pela popularização do trabalho autônomo (no Brasil, chamado de "pejotização", em alusão a um semifuncionário contratado como um prestador de serviços – uma pessoa jurídica). Além disso, entre as causas, também está a crescente automatização de funções operacionais, considerando-se como isso deve, em um futuro incipiente, afetar os trabalhadores menos estratégicos de escritórios e fábricas.

Como mencionamos, esse cenário pode ser visto em todo o mundo, mas constitui-se em uma tendência mais problemática no Brasil, por conta da extrema disparidade econômica.

Outra tendência global no nível econômico, com um viés (ao menos por enquanto) mais neutro, diz respeito à crescente desconexão do mercado financeiro com os resultados reais da economia.

Em uma sociedade na qual as movimentações financeiras vão ficando cada vez mais abstratas, seja no nível cotidiano, com a substituição do dinheiro físico pelos cartões de débito e crédito, seja nas "mesas" de operação de grandes grupos bancários e das emergentes *fintechs*, a globalização e a interdependência econômica mundial favorecem jogadas cada vez mais abstraídas.

Nos últimos anos, e talvez desde o fim do lastro físico do dinheiro, as desvantagens da desregulamentação bancária e os custos sociais de agências de auditoria privadas – frequentemente pagas (ainda que indiretamente) pelas instituições que devem avaliar – ficaram claros, considerando-se a crise econômica americana que expôs as fraquezas desse modelo na prática, mediante um tsunami econômico desencadeado por empréstimos sem lastro, via hipotecas, e o impacto do rompimento dessa bolha no mercado imobiliário.

A frase "Grande demais para quebrar é grande demais para existir", lema dos protestos do Occupy Wall Street, em Nova York, e em todo o mundo nessa época, merece atenção. Porém, mesmo com as implicações sociais, de um ponto de vista financista, essa infraestrutura faz circular crédito pelo mundo, financia projetos e movimenta a economia global.

Antes de analisarmos os prospectos mais otimistas do setor dos negócios colaborativos, devemos ressaltar que um prognóstico (e um diagnóstico) negativo não incorre em um cenário necessariamente desesperançoso para investimentos. Toda ameaça é uma oportunidade, e todo mercado está sempre aberto para a disrupção.

Criar serviços com alta qualidade e baixo custo ou procurar formas de gerar renda ou diminuir os típicos custos domésticos são sempre maneiras de gerar valor e negócios, ainda mais atraentes em conjunturas econômicas turbulentas.

Por fim, vejamos o panorama econômico apenas para os negócios colaborativos. Como procuramos deixar claro na primeira parte deste livro, é bastante difícil aplicar esse recorte. Não existe uma indústria colaborativa no mesmo sentido em que existe uma indústria automobilística. Além disso, qualquer pessoa com experiência nesse tipo de análise mencionaria que é possível fazer inúmeros recortes da indústria automobilística. Devemos, então, considerar fábricas de pneu? E as de borracha?

De qualquer forma, é válido buscar compreender certas particularidades. Algumas das empresas que mais crescem – e crescem mais rápido – no mundo todo estão relacionadas a empreitadas envolvidas com alguma forma de colaboração. Como abordaremos a seguir, existem condições de concorrência, tais como a base de custos, a qual pode ser completamente subvertida em negócios desse tipo.

Ademais, vários desses negócios são facilmente (melhor dizendo, **mais** facilmente) escalonáveis. Muitas vezes, é mais simples ou, ao menos, diferente entrar em novos mercados e levar seu serviço a novos consumidores.

3.2 Ambiente sociocultural

O ambiente sociocultural é talvez o mais fácil de compreender como elemento importante em uma análise para negócios. Ele representa a sociedade e o comportamento de todos os *stakeholders*, especialmente os clientes. Mas essa esfera da análise envolve mais do que apenas comportamento; engloba também a cultura em geral.

De todos os ambientes a serem mapeados, o sociocultural é o mais fluido e mutável. Entretanto, isso não faz dele necessariamente randômico ou inavegável. Pelo contrário, embora o todo seja sempre imprevisível e as velocidades das curvas de adoção de hábitos ou a resiliência do crescimento desses padrões estejam longe de serem exatamente previstas, com um distanciamento saudável e um olho clínico é sempre possível ver predisposições.

Muitas áreas das ciências da administração requerem que se busque compreender a mente e a sociedade humana. Várias decisões de marketing e de planejamento de modelo de negócio e estratégia são delineadas em torno de análises sobre o que os consumidores querem, como querem, onde querem e quanto querem pagar. Além disso, modelos de economia comportamental sobre aversão ao risco e comportamento dos investidores são indissociáveis de muitas análises financeiras.

A cultura é uma malha conceitual que permeia todas as atividades humanas. Até o espaço interno de uma pessoa – sua consciência, seu senso de autonomia e sua autoestima – é construído em comparação com outras pessoas e tomando-se como referência ícones, histórias e conceitos externos, elementos que fazem parte da experiência coletiva.

Assim, a necessidade de tornar o estudo desse ambiente mais compartimentalizado e sintético fica evidente. Nesse sentido, as mudanças orgânicas e incrementais dos comportamentos são normalmente emolduradas em um contexto de tendências.

Tendências de mercado são construções abstratas e, definitivamente, nem todas as fontes de pesquisa estão igualmente capacitadas a propor ideias. Tais tendências podem tanto abranger um recorte, um mercado ou uma indústria como evocar algo mais amplo e profundo que terá impacto em milhares de cadeias produtivas.

Esse exercício de tentar entender o futuro, ainda que imediato, é certamente uma das funções mais inglórias da gestão de negócios. Quando você acerta, alinhando todos os seus processos para lucrar com uma propensão mercadológica, seu trabalho é, em retrospectiva, óbvio; mas, quando você erra, o erro parece óbvio também. Mesmo assim, inteirar-se dessas maquinações, em todos os escopos e horizontes de evento, é fundamental.

Como exemplo, podemos voltar nossa atenção para um processo de mudança de comportamento que está em ação pelo menos desde 1970: a fragmentação da mídia. Esse processo indica a tendência de que as "dietas de mídia" (o conjunto do que um indivíduo consome de entretenimento e informação) estão cada vez mais se quebrando em nichos. Isso porque o número de opções não para de crescer e, também, porque tais opções vêm gerando produtos de mídia cada vez mais específicos.

No Brasil, durante a década de 1970, cada casa tinha, em média, um televisor, e cada cidade contava com mais ou menos cinco estações de TV. Esse número se somava às opções de rádio, cinema, teatro e mídia impressa, que eram muito superiores. Porém, não é difícil entender como o panorama midiático vem se ampliando e se especializando. Além de as opções de canais terem aumentado vertiginosamente, o maior número de telas presentes em um domicílio (ou, até mesmo, na rua) permite que as pessoas explorem conteúdos individualmente, sem precisar "negociar" com outros usuários aquilo a que vão assistir.

A essa explosão de conteúdos e formas de acessá-los somam-se o fenômeno da convergência de mídias e a subsequente inversão da lógica do controle daquilo a que se assiste. Também há o fato de que o avanço tecnológico frequentemente gera novas mídias, com qualidades ou conveniências superiores.

A convergência é sentida principalmente via internet, constituindo-se em um método de disseminação, distribuição e criação capaz de emular diversas mídias, como rádio (*podcasts*, por exemplo), TV e *videogames*. A convergência torna tudo acessível mediante um número cada vez maior de meios e possibilita o consumo midiático que dependia de um lugar físico para as ruas, em traslados de trabalho e/ou lazer.

Com relação à lógica, se antes as emissoras e as produtoras tinham um controle mais rígido sobre horários de exibição e construção de grades de programação, hoje qualquer usuário tem um nível de controle próximo do *on demand*, especialmente se levarmos em conta a pirataria.

Quanto à troca de mídias, é fácil imaginar rodadas e mais rodadas de reconstrução de bibliotecas pessoais em diversos aparatos físicos – do vinil ao MP3, passando por cassetes e CDs, e do VHS ao DVD e, depois, ao Blu-Ray, até a chegada dos serviços de nuvem, que mais uma vez causaram disrupções ao próprio nexo de biblioteca pessoal.

Por muito tempo, o calcanhar de aquiles da internet, na perseguição da convergência total, foram os eventos ao vivo, relacionados principalmente a esportes e jornalismo. Até hoje, os grandes portais de notícia ainda encontram sérios problemas para voltarem a ser lucrativos. O impacto que a fragmentação, a digitalização e a "nichificação" tiveram sobre os modelos de negócio do setor do jornalismo é inescapável.

Em paralelo, ainda existe uma tendência social de compreender que tais veículos de comunicação, os quais por tanto tempo foram percebidos como incólumes, sempre tiveram vieses e agendas. Essa crise de confiança nas instituições vigentes é mais um dos matizes de cinismo e ceticismo que tingem a sociedade moderna.

No momento histórico em que vivemos, todos esses acontecimentos confluem em uma das principais questões sociais de nossa época: a proliferação e as consequências das chamadas *fake news*.

Notícias falsas, em certo sentido, sempre existiram. A expressão *imprensa marrom*, por exemplo, é usada no Brasil desde 1960 para fazer referência a veículos e notícias sensacionalistas, sem a diligência da checagem de fontes, ou mesmo à distribuição deliberada de boatos e desinformação.

No entanto, o conceito se tornou um problema muito mais cotidiano por conta da fragmentação de mídia. O fenômeno ajuda na construção de "bolsões de informação", nos quais um usuário consegue se isolar de notícias, interpretações e ideias das quais discordaria e constrói um ambiente de mídia que apenas corrobora sua própria ideologia e seus ideais, montando um cenário em que somente as informações que costuma acessar são verídicas. As *fake news* se tornam, assim, as "outras notícias", isto é, aquelas que incomodam ou questionam a visão de mundo de cada usuário.

As mídias sociais vêm tentando, há bastante tempo, reaver alguma espécie de controle, por meio da implementação de algoritmos, em parte para manter cada plataforma o mais relevante possível e em parte pelo fato de o controle abrir espaços para mais oportunidades de monetização, com propagandas mais bem direcionadas. Esse modelo misto, regido tanto pelo usuário quanto por um algoritmo, integra o problema do isolamento ideológico.

O YouTube, em particular, vem sendo citado em inúmeras pesquisas acadêmicas como uma plataforma bastante indutiva à *radicalização*. O termo denota o processo de um indivíduo ou grupo adotar atitudes, crenças e comportamentos incrementalmente radicais. Assim, uma pessoa faz buscas por um assunto polêmico e termina a sessão lendo sobre teorias conspiratórias, por exemplo.

Nessa direção, as *fake news* e os mecanismos sociais de radicalização se tornaram repetidamente casos de polícia no Brasil e em todo o mundo. E ainda estamos começando a enxergar o quão pouco entendemos sobre o assunto e como temos baixo poder de ação como sociedade para verdadeiramente lidarmos com essa questão.

3.3 Ambiente político-legal

Os governos têm diversos papéis importantíssimos na gestão dos negócios. Cabe a eles gerir o bem público, criando infraestruturas (como a malha viária), garantir liberdades de associação e mercantis, administrar a economia nacional, cobrar impostos e agir como árbitro nas disputas civis.

Mesmo assim, a esfera do político-legal na área da administração é frequentemente vista com suspeita e preocupação. As análises costumam girar em torno de simplificações anti-impostos, antirregulamentação e antiestatização, pois essas questões impactam o cotidiano dos negócios, o bolso, as estratégias e as leis de concorrência.

Ao mesmo tempo, é difícil contrariar a realidade de que os negócios geram externalidades, precisam de leis que os compilam a competir de forma justa e demandam limites claros para atuarem bem.

Independentemente da opinião de cada um nesse espectro político, algumas verdades são irrefutáveis. A carga tributária e a burocracia fiscal no Brasil são muito pesadas e mal direcionadas. A crise financeira de 2009, nos Estados Unidos, começou por conta da desregulamentação financeira. Portanto, nota-se que as realidades são múltiplas e complexas.

Alguma regulamentação é necessária. Uma empresa precisa do arcabouço legal para efetuar suas operações de forma legítima, ainda que, algumas vezes, as leis limitem sua ação ou interfiram em perspectivas internas. A lei é para todos, e isso garante que todos tenham os mesmos direitos e deveres.

É fácil tecer esse argumento quando se trata do meio ambiente, por exemplo, tanto porque ele representa o bem comum de uma forma muito clara quanto porque as legislações para sua proteção realmente impactam operações e lucros em diversos setores. Contudo, o principal problema do Estado não são somente as leis, mas também sua dificuldade de se adaptar às mudanças fluidas da sociedade.

Um exemplo mais interessante para o escopo deste trabalho gira em torno das leis sobre propriedade intelectual e da forma como, na atualidade, essa legislação termina, na prática, completamente ignorada em um dos meios em que é mais necessária: o ecossistema financeiro do YouTube.

A lei de propriedade intelectual é uma abstração legislativa que sempre gerou problemas e discussões. Por quanto tempo uma patente pode ser mantida, o que constitui um uso aceitável para fins de discussão e jornalísticos e qual é o processo jurídico para litigar essas questões sempre foram aspectos que compuseram debates justos. E, como essas legislações são diferentes em cada país, fica claro perceber o quão profunda é essa controvérsia de fato.

Todavia, tais leis foram criadas para um paradigma completamente diferente do atual. Elas não contavam com a internet, com a possibilidade de qualquer pessoa, de qualquer lugar e a qualquer momento, agir como um distribuidor, divulgando conteúdo ou até mesmo criando – portanto, assumindo a posição de dono de direitos sobre material em qualquer mídia.

No início da internet, muitas iniciativas acabaram não conseguindo "fechar essa conta", como o Napster, que terminou sendo considerado ilegal. Por algum tempo, pareceu que todas as mídias sociais seriam, de alguma forma, limitadas pelas leis. O YouTube, porém, construiu soluções que não só lhe permitiram continuar operando, como também lhe possibilitaram crescer ainda mais.

Já discutimos alguns aspectos dessa solução, mas aqui estamos nos debruçando mais especificamente sobre as questões legislativas. A primeira informação importante é que, da perspectiva do YouTube, não existe uma razão para se acabar com as infrações. Quando alguém cria um *fanclip* para uma música popular, o vídeo gera audiência para a plataforma da mesma forma que o *post* oficial. No entanto, para manter o vídeo no ar sem problemas, é necessário que a gravadora (ou a gestora dos direitos) também não se importe.

Como o volume de conteúdo do *site* é muito grande, a primeira solução foi construir um sofisticado algoritmo de reconhecimento de material intelectual (vídeo e áudio). Esse *software* percorre todos os vídeos subidos e os compara com uma colossal (e sempre crescente) biblioteca de conteúdo com *copyright*.

Se uma possível violação de direitos autorais é identificada num vídeo, o detentor dos direitos tem basicamente quatro possíveis atitudes a tomar: (1) pode decidir **não fazer nada**; (2) pode **rastrear** o vídeo, recebendo informações sobre ele, mas mantendo o criador com a monetização; (3) pode **clamar** a peça, revertendo a monetização para si próprio; (4) ou pode **bloquear** o material em alguns mercados ou na totalidade do planeta.

Essas opções são encorajadas por serem completamente automatizadas. O detentor dos direitos pode criar filtros simples, como "Clame todos os vídeos que usarem minha música", ou completamente complexos, como "Bloqueie todos os usos de mais de 15 segundos dessa imagem em todo o território indiano, com exceção de Mumbai". Uma clamação ou bloqueio pode ser contestada também de forma automática, mas pode levar a envolvimentos humanos, como veremos a seguir.

A última alternativa para o possuidor dos direitos é **tirar** o vídeo do ar; mas essa opinião é desencorajada, por conta de uma burocracia mais severa que envolve documentos e assinaturas eletrônicas.

Estamos discutindo essa questão porque, na prática, para todos os usuários, as políticas e os termos de serviço do YouTube substituem as ações legais. Não existe na lei nenhuma previsão para condições como a clamação. Se um estúdio de cinema processa outro pelo fato de este ter usado imagens que tinham donos, não existe um mecanismo legal para ignorar o processo e apenas reverter os ganhos para o depositário original.

As leis de propriedade intelectual atuais jamais conseguiriam endereçar esses desdobramentos, não só pelo volume cotidiano das ocorrências dessa natureza, como também pela velocidade e facilidade com que o sistema opera. Contudo, deixar essa e outras inúmeras questões que a internet trouxe à tona, como o anonimato, as *fake news* e as fraudes, para serem solucionadas pela esfera civil e pela iniciativa privada dificilmente seria uma solução de longo prazo.

O governo se difere das empresas porque não trabalha com donos e consumidores, e sim com cidadãos iguais que dispõem de direitos e deveres definidos. E essa diferença apenas fortalece sua importância e relevância nas análises de negócios.

3.4 Ambiente tecnológico

A tecnologia é uma das mais básicas e mais importantes expressões da humanidade. No século XXI, é até um pouco difícil entender que ferramentas tão ubíquas, como a escrita, a roda, a agricultura e a arquitetura, já chegaram a representar imensos avanços e disrupções para centenas de milhares de nossos antepassados.

A tecnologia redesenhou a sociedade histórica e sucessivamente. Seu poder de otimizar processos, na consecução de objetivos e na produção de bens e serviços, é impossível de se ignorar. A tecnologia transforma o cotidiano, influencia os valores e suscita novos dilemas. Ademais, embora nunca pare de se desenvolver incrementalmente, também não é alheia a grandes saltos.

A tecnologia da escrita é a mudança que separou a história da pré-história. A tecnologia da agricultura é uma das muitas que permitiram a unidades tribais se tornarem impérios. E, na modernidade, os ritmos e impactos das revoluções tecnológicas sempre devem ser mantidos em foco.

Convencionou-se, por muito tempo, chamar o período da inclusão das máquinas a vapor na vida humana de *Revolução*

Industrial. Esse período é, sem dúvida, icônico e demonstra a velocidade das transformações (as fábricas, a locomotiva etc.) e o escopo de suas mudanças.

Hoje, no entanto, é mais comum falar em *revoluções industriais*, no plural. Dessa forma, fica mais fácil entender que rodadas diferentes de automação tiveram (têm e, provavelmente, terão) impactos sucessivos, variados e indiscutivelmente sinérgicos.

Costuma-se apontar a existência de quatro revoluções industriais, estando a quarta delas em pleno curso. A primeira está relacionada à máquina a vapor e à aurora das fábricas. Já a segunda é associada à implementação da produção de massa como uma realidade em diversos mercados, caracterizada por avanços químicos, siderúrgicos, energéticos, logísticos e de comunicação.

Por seu turno, a terceira e a quarta revoluções são bem mais recentes e ainda estão moldando a realidade. A terceira é, por vezes, chamada de *revolução digital* e engloba a transição de sistemas analógicos para digitais. Essa transição foi, e ainda é, sentida por meio do desenvolvimento de computadores, tecnologias da comunicação e tecnologias da informação.

Essa revolução já está acontecendo desde, aproximadamente, os anos 1950, e é bastante fácil entender como pode transformar tudo muito rápido. Atualmente, quase todos carregam consigo aparelhos com uma capacidade computacional (de armazenamento e processamento) inimaginável há 20 anos.

E muito pode ser dito sobre como essas mudanças modificaram os negócios. Não é à toa que a Apple, uma empresa do setor, tornou-se a primeira empresa da história avaliada em U$ 1 trilhão, cabendo observar também que gigantes como o Google ou o Facebook nem existiam ainda.

Tais inovações tecnológicas viabilizaram a construção de infraestruturas de que todos os negócios podem se aproveitar.

85

A internet, o sistema de GPS, o *e-mail*, as reuniões em conferência, entre inúmeras outras ferramentas, são acessíveis a todos e possibilitam novos negócios e paradigmas de geração de valor em todas as indústrias.

Trabalhado nessa onda, existem muitos negócios colaborativos que também prosperaram. Tanto iniciativas que hoje são globais e bastante reconhecidas, como o Uber e o Airbnb, como iniciativas mais de nicho, como o Couchsurfing e o Padrim, apropriam-se das tecnologias.

Imagine como seria todo o processo do Airbnb (tirar fotos, anunciar, atingir um grande público, responder a dúvidas, organizar reservas, receber o pagamento, lidar com a logística de anfitrião e avaliar o serviço de forma transparente) sem um celular e acesso à internet.

E esse processo continua em curso no contexto da terceira revolução industrial. Os *smartphones* ainda estão se popularizando no sul da Ásia e na África, e mais de um terço dos domicílios brasileiros não dispõe de acesso à internet. Percebemos, assim, como existe ainda muito espaço para afetar novos nichos demográficos, de renda e de estilo de vida.

E, finalmente, já é possível falar em quarta revolução industrial, o momento que já começamos a viver. Essa era engloba mudanças que se originam de tecnologias em rápido desenvolvimento, mas ainda muito incipientes, tais como a internet das coisas, a computação em nuvem e outras tecnologias de automação algorítmica, como o aprendizado de máquinas (*machine learning*).

Tais termos são novos e sinalizam uma fase de implementação de tecnologias, na qual é difícil encontrar exemplos já robustos. Embora cada um desses conceitos possa ser abordado em um volume à parte para discutir suas origens e possíveis aplicações, aqui vamos dedicar apenas um pequeno espaço a eles.

A internet das coisas é um conceito que se refere às conexões entre objetos físicos que hoje estão separados e sem sensores. A ideia é que carros, eletrodomésticos e outras ferramentas conectem-se entre si e possam compartilhar informações via controle remoto. Uma dispensa de banheiro que saiba que o papel higiênico está acabando poderia fazer sozinha o pedido de refil. Os armários de uma obra civil poderiam controlar sozinhos o acesso a ferramentas apenas por pessoas autorizadas.

Assim, a promessa da internet das coisas é que muitos dispositivos que são análogicos atualmente, como geladeiras e banheiras, poderiam tornar-se digitais e ser armados com sensores, a fim de se comunicarem uns com os outros e criarem ricas cadeias de dados para gerar inúmeras aplicações.

A computação em nuvem, por sua vez, diz respeito à tendência de terceirizar tanto a capacidade de memória quanto o ônus do processamento para a nuvem, uma coletânea de processadores e HDs em série. A nuvem acarreta muitos benefícios: um arquivo guardado em um computador pode ser perdido caso o aparelho quebre; na nuvem, tudo é acessível de qualquer lugar, e a arquitetura conta com redundâncias e *backups*, o que torna o processo muito mais seguro.

Estamos mais familiarizados com esse conceito não só porque é comum fazer *backups* de fotos de celular em alguma nuvem (do Google, da Apple ou de terceiros), mas também porque já usamos aplicativos que rodam remotamente (não em nossas máquinas), como o serviço Drive, do Google. Mas essa tecnologia não para de crescer.

Um exemplo recente, ainda que no momento não pareça ter obtido muito sucesso, é o Stadia, uma plataforma *on-line* para jogos que funcionaria via *streaming*. Assim, o usuário acessaria o jogo pelo *browser*, mas o programa não estaria instalado na máquina. Isso permitiria rodar jogos com requisitos que computadores básicos jamais alcançariam, porque eles rodariam no servidor, isto é, na nuvem.

Por fim, o aprendizado de máquinas é o conceito que engloba uma forma diferente de programação, a qual vem sendo usada na ciência da computação para transpor obstáculos anteriormente entendidos como intransponíveis. Por muito tempo, dilemas como criar programas que entendessem a caligrafia humana ou o uso livre de linguagem foram considerados virtualmente inatingíveis.

Isso porque, na programação tradicional (chamada por vezes de *top down* – "de cima para baixo"), o programa é visto como uma série de funções ordenadas – "se" uma condição for atingida, "então" faça isso. Mas é compreensivelmente impossível construir um algoritmo genérico capaz de identificar qualquer grafia do número 3 como o número 3, e assim por diante.

No aprendizado de máquina (ou programação *bottom up* – "de baixo para cima"), em vez de responder diretamente às questões, a inteligência artificial é treinada. O programador cria um algoritmo que se autorregula e depois o expõe a centenas de milhares de exemplos. Nesse processo, a máquina, entendida como o programa, aprende incrementalmente, com base em diversas caligrafias de um *3*, a reconhecer o que constitui um 3, por exemplo. Nesse mecanismo de tentativa e erro, a máquina cria um sistema com grandes margens de acerto.

Com esse método, é razoável esperar um aumento exponencial das tarefas que poderão ser mecanizadas e automatizadas em um futuro próximo, assim como existe um movimento perene em prol das chamadas *interfaces sociais* – o futuro mítico no qual computadores poderão ser totalmente operados por meio da voz, mediante um diálogo normal.

Já sentimos essa tendência ao nos depararmos com assistentes virtuais como a Siri ou a Alexa, mas a propensão é que tais assistentes se tornem cada vez melhores, funcionais e customizados. As interfaces sociais devem não só acelerar a inclusão de mais pessoas à vida digital, como também diminuir radicalmente a curva de aprendizagem de diversas tecnologias. Conversar com o Photoshop ou o Excel pode terminar sendo bem mais simples do que aprender os comandos e a ordem das operações corretas.

A tecnologia sempre foi, e continuará sendo, importante para o mundo das organizações, pois muitos negócios colaborativos dependem completamente dela ou das mudanças de paradigma e de atitudes que ela protagoniza. Imaginar os futuros usos desses tipos de inovação e analisar os nichos e estilos de vida que ainda podem ser transformados pela sua utilização é, assim, um trabalho essencial para qualquer gestor nesse campo.

3.5 Ambiente ecológico

Os riscos ambientais que corremos atualmente como sociedade são tão inquestionáveis quanto difíceis de resolver. Mas o impacto da atividade humana no planeta é ainda maior, tanto que existe, nas ciências geológicas, um termo que ilustra todo um paradigma de pensamento: *antropoceno*.

Antropoceno é o nome sugerido para uma época geológica em que o fator motor mais relevante de todas as mudanças é a sociedade humana. A repercussão de nossa existência e de nossas invenções culturais e tecnológicas no meio ambiente é vastamente relevante para a manutenção deste – ou, mais honestamente, para sua degradação.

O resultado de decisões humanas como a domesticação e propagação de animais e vegetais na biodiversidade natural do planeta é um exemplo disso. *Commodities* como milho e carne parecem naturais, mas seus processos de plantio com o uso de pesticidas, a mecanização e a formação de latifúndios, além de sua própria estrutura genética, controlada por inseminação programada e, mais recentemente, transgênicos, não o são.

Esse cenário se completa quando consideramos o acúmulo de poluentes no ar, na água e na terra, o ritmo insustentável de consumo de recursos naturais não renováveis e o aquecimento global, além dos efeitos de obras de engenharia como diques, hidrelétricas, canais, rodovias e, até mesmo, a iluminação noturna, que é a base da vida urbana.

O que consterna ao analisarmos essas questões é que, embora elas existam, ainda é muito difícil especular sobre seus impactos. Não só a maior parte dos dados é muito recente, como o estudo do passado remoto permanece nos lembrando que o ritmo das consequências dessas alterações supera a expectativa de vida humana em escala exponencial.

E, para complicar ainda mais, tais efeitos são gerados por meio de milhares de decisões pessoais cotidianas as quais, isoladamente, são tão pequenas que parecem completamente inconsequentes. A resposta de qualquer pessoa sensata em face dessa realidade é argumentar que algo precisa ser feito; porém, também é bastante normal não conseguir enxergar que ações podem, de fato, ser realizadas para modificar esse panorama.

O problema pode ser enfrentado com conscientização e, nesse campo, negócios colaborativos podem ser ferramentas importantes para coordenar esforços e transmitir informações. A colaboração pode igualmente possibilitar a redistribuição de recursos ociosos ou trabalhar para diminuir a "pegada" ecológica de certos estilos de vida.

Um exemplo desse uso é o aplicativo de caronas BlaBlaCar, por meio do qual motoristas conseguem dividir o custo de viagem com outra pessoa que tenha um itinerário semelhante, o que retira, ao menos, um carro das ruas.

Independentemente das aplicações, as questões levantadas pelo antropoceno são ameaças à manutenção de nosso *status quo* como coletividade. Ainda, elas representam um terreno fértil para que as disrupções mercadológicas que os negócios colaborativos almejam tenham impactos sociais e um propósito maior.

Outro assunto interessante relacionado a essa frente de exploração gira em torno dos Objetivos de Desenvolvimento Sustentável (ODS), que se constituem em um conjunto de 17 metas globais estabelecidas pela Organização das Nações Unidas (ONU) para serem perseguidas até 2030. Trata-se de um compromisso ambicioso e, mesmo que, dos 17 objetivos, apenas três estejam diretamente ligados à proteção do meio ambiente, a maior parte deles trabalha o assunto da sustentabilidade, ainda que, eventualmente, por um viés mais social.

Alguns desses propósitos, como a erradicação da pobreza ou a promoção da paz e da justiça e a construção de instituições eficazes, parecem puramente sociais, mas estão conectados com a proteção do bem comum e do planeta da mesma forma.

Os ODS são mais que um compromisso (nenhuma análise séria poderia prever a consecução plena de qualquer um deles nesse período de uma década). Eles expressam uma afirmação conjunta de que tais aspectos da sociedade precisam de atenção, estratégias e soluções. E, nessa condição, representam não apenas oportunidades para gestores, mas também um dever e uma obrigação na gestão de qualquer setor ou indústria.

3.6 Sinergias e contradições

A compartimentalização do macroambiente em vários ambientes diferentes é um dos componentes de sua análise. Contudo, após essa etapa, é muito importante lembrar que esses variados aspectos existem simultaneamente e afetam diversos ambientes ao mesmo tempo, entrelaçados uns aos outros.

Os ambientes se desenvolvem juntos e, frequentemente, uma mudança ampla em alguma base pode ter uma série de impactos em outras áreas. Mudanças de tecnologia causam modificações comportamentais, e vice-versa. A economia e o meio ambiente se refletem. A sociedade civil e as instituições políticas se moldam mutuamente.

Mas esses processos demoram e, assim como existem retroalimentações, existem conflitos. Ambientes mais líquidos, como a economia e a cultura, podem gerar demandas sociais que governos mais burocráticos falham em atender. Os imediatismos econômicos ferem ambientes com valores de longo prazo, como o meio ambiente.

Esses pontos de contato, sinérgicos ou contraditórios, estão presentes em cada ambiente, relacionando-se com essas regras. A compreensão desses aspectos merece ser perseguida tanto quanto a profundidade de cada análise.

4 Microambiente

Enquanto o macroambiente representa um recorte amplo e relevante que engloba mercados e indústrias e cerca a empresa com variáveis muito além do controle e do escopo de qualquer organização, o microambiente envolve assuntos mais próximos, mais específicos e mais manipuláveis.

O microambiente se refere ao conjunto de fatores que as propostas das mais variadas iniciativas compartilham. Ele não é formado apenas por variáveis internas as quais a empresa pode controlar por completo, mas também pelo entorno imediato que muitas organizações dividem. Aspectos como a concorrência, ainda que estejam do lado de fora da organização, podem ser afetados diretamente pelas decisões dos gestores, pois são construídos em conjunto pelo negócio e por sua circunvizinhança.

O estudo do microambiente abrange essas duas arenas. Envolve as variáveis internas, tanto os termos do marketing *mix*, a proposta de valor que a companhia sugere ao mercado, quanto os processos internos da organização, sua cultura, seus valores, sua missão e a forma como esses conceitos se traduzem nas práticas de gestão.

No entanto, esse estudo também engloba um olhar às circunstâncias e condições que cercam a organização e interagem diretamente com ela. Nesse sentido, trata-se de uma análise dos *stakeholders* que compõem toda a cadeia que envolve a empresa – fornecedores, intermediários, clientes, concorrentes, legisladores e outros públicos de interesse –, bem como das relações desses aspectos entre si e com a organização.

Como o uso da colaboração nos negócios tende a ser disruptor, tanto no que tange à criação de novas propostas quanto no que concerne à sua capacidade de crescer e se expandir de forma orgânica e veloz, debruçar-se sobre como a colaboração impacta o microambiente é fundamental. Nesse sentido, cabe observar que, ao contrário do que ocorre com o macroambiente, os recortes a serem propostos neste capítulo tenderiam a ser muito mais específicos, passando de mercado a mercado.

Dessa forma, com as considerações apresentadas aqui, não almejamos criar um todo coeso, e sim pincelar uma visão sobre cada uma dessas áreas. De todo modo, mesmo sendo mais diversas e heterogêneas do que completamente harmônicas, as reflexões propostas ainda apontam para uma lógica única de como a colaboração interfere no microambiente, e vice-versa.

4.1 Marketing *mix*

O marketing *mix* é uma moldura conceitual, talvez a mais fundamental nos pensamentos mercadológicos. Ele retrata um conjunto de variáveis completamente controláveis que, juntas, criam a proposta de valor de uma oferta e ajudam a mensurar e categorizar como os consumidores (e outros *stakeholders*) respondem considerando-se o mercado.

Essa lista de "ingredientes" é fluida e dinâmica. Existem não apenas as categorias originais, frequentemente referidas como 4Ps (produto, preço, praça e promoção), como também adaptações pontuais para outros mercados, como os 8Ps de serviço, ou o *retail mix* (marketing *mix* para o varejo). Há ainda outras abordagens, como os 4Cs (uma versão mais orientada pela perspectiva do cliente) ou os 4As (mais centrada nos processos do que em seus efeitos finais).

Independentemente da linha que o gestor ou estudante planeje seguir, a base do conceito permanece e compõe qualquer plano de marketing. O mesmo ocorre no âmbito da economia colaborativa. Aqui, vamos nos ater aos 4Ps mais básicos, explorando-os de forma breve.

Tradicionalmente, o "P" de *produto* está intrinsecamente ligado a produtos físicos. Abrange todas as qualidades, funções, possibilidades e características dos produtos. Inclui a embalagem e quaisquer outras formas físicas necessárias para seu consumo. Para a indústria, está tipicamente vinculado ao que o consumidor efetivamente leva para casa.

Na tentativa de adaptar o conceito para empresas de serviço, nas quais muitas vezes a geração de valor se dá de forma intangível, a maioria dos autores tende a reinterpretar o produto como a proposta de valor oferecida pela empresa, ou seja, o produto é a solução que está sendo vendida.

Como já mencionamos, para a colaboração, muitas vezes, o produto pode estar menos sob o controle da empresa, em comparação com mercados tradicionais. Por meio do *crowdsourcing*, da bilateralidade ou do compartilhamento, é comum, para organizações que atuam com a colaboração, que o produto seja construído junto com atores externos.

No composto de marketing usual, o "P" de *preço* é enxergado como a somatória entre os custos monetários e os não financeiros, incluindo gastos de tempo, deslocamento, burocracias etc. O preço também é frequentemente retratado como a variável mais facilmente controlada, a mais fácil de mudar e a mais simples de reajustar.

O preço diz respeito a uma decisão importante nos negócios colaborativos, exatamente porque o valor gerado está frequentemente misturado entre diversos públicos. Nesse sentido, as possibilidades de precificação são muito mais amplas do que o normal. Além de quanto cobrar, um negócio colaborativo pode decidir também de quem cobrar – de um público ou de outro, ou de ambos – e como cobrar, isto é, em que momento da transação incluir a remuneração financeira.

Muitas empreitadas dessa economia trabalham com alguma espécie de serviço *freemium*, em que uma parte do serviço é disponibilizada gratuitamente, e as cobranças liberam ou destravam conteúdos e funcionalidades adicionais.

Já o "P" de *praça*, também identificado como *distribuição*, no composto de marketing habitual gira em torno das decisões de canais (número, profundidade, distribuição geográfica etc.).

Tais decisões têm espelhos claros em alguns negócios colaborativos. Ao mesmo tempo que algumas dessas empresas existem apenas em um espaço virtual, como mídias sociais ou serviços de encontro, outra série delas apresenta necessidades físicas bastante localizadas, como *coworkings* e lojas colaborativas. Há também organizações que reúnem ambas as condições. Por exemplo, um *app* de mobilidade urbana será inútil se não existirem agentes em campo (motoristas ou patinetes, por exemplo).

Por fim, o "P" de *promoção*, também chamado de *comunicação*, consiste na variável do composto de varejo que acumula a maior parte dos valores intangíveis que um produto carrega, estando intimamente ligado a marcas, propagandas e a toda a construção de imagem ao redor de um produto e/ou de seu uso.

Esse constructo permanece relativamente inalterado para todos os tipos de negócio, uma vez que, sob muitos aspectos, todas as marcas compartilham o mesmo espaço imaginário. Porém, especialmente para serviços mais intangíveis, a comunicação colaborativa é viral, ou seja, depende do engajamento do consumidor, principalmente para elementos como mídias sociais e outros produtos menos materiais.

4.2 A empresa e seus departamentos

Quando tratamos de *crowdsourcing*, estabelecemos que sua definição inclui encontrar um processo que rotineiramente era feito internamente e achar soluções para entregá-lo a um grupo externo.

Até aqui, a partir de diversas perspectivas, já abordamos as muitas vantagens de se tentar adotar esse modelo, considerando-se: a arrecadação de capital (via *crowdfunding*); a logística (como no caso dos aplicativos de entrega); em outros processos de marketing (como na curadoria de fornecedores); ou mesmo a própria construção do produto (como nas mídias sociais).

Tendo isso em vista, a colaboração pode misturar centros de custos e de receitas, além de engajar e arregimentar consumidores para que exerçam alguma espécie de trabalho para a empresa – seja com remuneração direta, seja apenas como fonte de benefícios não financeiros.

É a colaboração que permite a empresas de alcance global, como a Wikipédia, disponível em mais de 285 línguas, serem operadas com menos de 200 funcionários. A equipe interna da Wikipédia lida com questões relativas à tecnologia de informação, mas tanto sua vida financeira (a empresa só tem uma fonte de receita: doações) quanto a própria base de conteúdos são completamente criadas e geridas pelos usuários.

Os números não param de assombrar. Apenas a edição em inglês conta com mais de 90 milhões de usuários registrados (Wikipédia, 2021). Não só esse dado representa muito mais do que a quantidade de integrantes que fazem parte da equipe interna, como também é muito maior que a equipe interna de qualquer organização privada ou pública do planeta. Esse montante é particularmente relevante porque, ao contrário de outros serviços *on-line*, a Wikipédia não exige um cadastro para ser acessada. O número de usuários registrados equivale ao contingente de indivíduos que tiveram interesse em editar algum verbete, uma quantidade de pessoas com a qual simplesmente não se pode rivalizar.

Mesmo em outras escalas, a colaboração também potencializa a diversidade de qualquer equipe. Os métodos mais soltos de inclusão praticados via *crowdsourcing* frequentemente ignoram e, muitas vezes, contrariam possíveis preconceitos e miopias que possam estar arraigadas na companhia ou em seus gestores.

4.3 Concorrência

Embora iniciativas que se apropriam da colaboração possam atuar em mercados tradicionais, é bastante comum que seus meios de operação sejam relativamente peculiares. Quando comparamos o Airbnb à hotelaria tradicional, é fácil entender que, apesar de os serviços oferecidos ao consumidor serem muito próximos, as duas empreitadas operam com lógicas completamente distintas.

As redes têm maneiras de crescer e mobilizar ativos e ofertas em uma velocidade que dificilmente pode ser emulada por negócios convencionais. Um hotel depende de ativos físicos, quartos disponíveis etc., mas a *web* pode criar valor por meio de algo que não estava sendo usado, como um quarto vazio na casa de qualquer pessoa.

Dessa forma, as pressões de concorrência que os negócios colaborativos exercem em modelos de negócio mais tradicionais são inegáveis, mas não unilaterais. Os negócios colaborativos apresentam diversas vantagens, mas, como é comum para o mundo capitalista em geral, raramente substituem os serviços convencionais por completo. Mesmo os benefícios oriundos da descentralização que caracteriza a economia do compartilhamento também incorrem em desvantagens.

Ainda considerando a comparação entre o Airbnb e a indústria hoteleira, devemos observar que, embora a descentralização ofereça, como um ponto positivo, a possibilidade de um número de experiências muito maior, essa mesma falta de padronização impacta também a qualidade percebida da acomodação. Os serviços mais padronizados da indústria hoteleira têm a vantagem de serem mais previsíveis e menos ocasionais.

Mesmo que a plataforma se utilize de avaliações para contornar experiências negativas, trabalhar com muitos fornecedores em um ambiente fadado a ser muito menos controlável que um hotel pode gerar possibilidades nem sempre positivas, apesar de extremamente únicas e singulares.

Além disso, os hotéis também são capazes de oferecer serviços que nem sempre conseguem ser emulados pelo aplicativo. Coisas como café da manhã, serviços postais (uma demanda cada vez maior em viagens internacionais, que podem incluir compras *on-line*) e outras infraestruturas (lavanderias, academias, piscinas etc.) só são viabilizadas em termos de custo por conta da centralização e do controle que o modelo tradicional consegue estabelecer.

É difícil encontrar um setor da indústria ou mercado que não possa ser afetado por um concorrente potencial que adote uma lógica colaborativa. Isso, porém, não significa que tais modelos se sobreponham por completo às iniciativas convencionais.

4.4 Fornecedores

Em negócios tradicionais, a função e o papel dos fornecedores são muito bem delimitados. No caso da indústria, os fornecedores disponibilizam matérias-primas e insumos que serão usados em alguma espécie de transformação. Os fornecedores não são concorrentes porque não operam com o produto final. Além disso, pode existir valor em ter fornecedores exclusivos, tanto para diferenciar os bens produzidos quanto para alavancar o poder de barganha da empresa nas negociações.

No caso do varejo, os fornecedores oferecem o produto final, mas não têm controle sobre a experiência de compra. O varejo é um intermediário entre o fornecedor e o cliente e é nessa intermediação que constrói seu valor e suas oportunidades para obter lucro. Embora, em décadas recentes, a lógica de cooperação entre varejo e indústria tenha se acelerado muito e tenha gerado até uma disciplina específica – o *trade marketing* –, ainda assim os limites do que é ou não um fornecedor permanecem rigidamente navegáveis.

Desses exemplos emerge uma regra geral bastante clara: fornecedores são centros de custos, isto é, disponibilizam coisas que a empresa precisa comprar para ser capaz de operar. Clientes são centros de receita, ou seja, os *players* que efetivamente pagam à empresa pelo seu serviço ou pelos ativos que ela comercializa.

Entretanto, essa lógica é um pouco abalada em mercados colaborativos, especialmente naqueles que trabalham no âmbito da economia bilateral. Para essas iniciativas, fornecedor e cliente acabam não sendo mutuamente excludentes por completo. Existe um terreno cinza, uma dicotomia entre cliente e fornecedor.

Os negócios bilaterais geram valor reunindo dois tipos de grupos que se procuram mutuamente e, com frequência, dispõem de métodos de cobrança mistos, construindo seus faturamentos com arrecadações diferentes de cada comunidade, mas comumente cobrando algo dos dois.

O modelo da loja colaborativa, capitaneado no Brasil pela rede de franquias Endossa, é um bom exemplo. A Endossa é uma plataforma que reúne dois públicos: pequenos produtores e consumidores que desejam produtos menos massificados. Qualquer um pode alugar um espaço na loja para expor suas ideias, e a curadoria do que permanece na loja é feita por quem compra, pois cada espaço tem uma meta de vendas.

Assim, cada marca paga um valor fixo mensal – o "aluguel" de seu espaço –, e os consumidores finais arcam com uma taxa de serviço que é adicionada ao preço final dos produtos. Dessa forma, o que seria tradicionalmente visto como um fornecedor (isto é, as marcas que ofertam os produtos) também se refere aos clientes, pois estes estão pagando pelo serviço de vendas da loja.

Essa disrupção merece atenção. Enquanto, no marketing tradicional, as empresas criam propostas de valor para os clientes (como a própria expressão *público-alvo* indica), na economia colaborativa, frequentemente se constrói o produto com o cliente, isso quando não se trata de uma plataforma na qual o cliente é o próprio produto.

4.5 Clientes

Muitos negócios colaborativos propagam-se por meio de redes e puxam os clientes, de uma forma ou de outra, para dentro de suas cadeias.

As mídias sociais ilustram essa questão muito bem, mas o mercado no qual ela se torna mais clara é o de serviços de encontro. No Tinder, a proposta de valor é gerada pelo facilitamento do encontro entre duas pessoas.

Com frequência, essas redes se tornam mais e mais interessantes cada vez que um novo membro se une a elas. Ainda assim, em quase todos esses mercados, embora exista um *player* maior e mais estabelecido, também é comum existirem outras opções, por vezes um pouco diferenciadas ou com uma política de custos mais atrativa para determinado segmento.

Esse fenômeno em que existem diferentes plataformas que um mesmo cliente pode utilizar para alcançar mais ou menos a mesma experiência gera em muitos usuários uma mentalidade comparativa. As pessoas podem orçar um Uber e um Cabify antes de escolherem com que serviço vão realizar seu deslocamento ou, ainda, criar perfis no Tinder e no OkCupid e procurar *matches* em ambos.

Esse hábito anda sendo rotulado no mercado como *multihoming*, que se refere ao ato de simultaneamente contar com mais de uma plataforma para o mesmo serviço. A expressão, originalmente vinda das ciências da computação, entrou no vocabulário do marketing para ilustrar comportamentos como assinar a Netflix e o Amazon Prime juntos e zapear entre eles.

A questão com o *multihoming* é que, da perspectiva do usuário, seus custos são baixos. Mesmo assinando uma série de serviços de *streaming*, um usuário ainda pagaria muito menos do que se cobra por uma TV a cabo tradicional e, em muitos outros casos, a única inconveniência para a troca de plataforma são os poucos segundo que levam para abrir um novo *app* no celular.

Clientes sempre perseguirão a possibilidade de ter opções e, como para muitos mercados colaborativos as barreiras de entrada são relativamente baixas, qualquer empresa que atue nessa esfera deve ter em mente estratégias para melhorar essa equação.

4.6 Outros *stakeholders*

Para muitos profissionais da administração, é comum colocar o foco nos grupos de interesse (*stakeholders*) que têm um papel claro, delimitado e facilmente identificável na atuação mercadológica de suas empresas e mercados. No entanto, a sociedade civil é uma tessitura de organizações e movimentos muito maior, e tais fenômenos também permeiam o espaço do microambiente.

Parte disso vem exatamente da dificuldade de compreender, nomear e compartimentalizar esses públicos. Para uma empresa de moda, é essencial que pessoas que nunca comprarão certo produto sejam capazes de reconhecê-lo. Não se cria uma bolsa *must-have*, por exemplo, sem criar um público muito maior do que o de clientes diretos que desejam avidamente o produto, ainda que nunca o comprem.

Esse exemplo – cuja ideia pode ser descrita, de modo geral, como a atitude que os pares de determinados consumidores têm em relação aos produtos e marcas em questão – demonstra como outros conjuntos socioculturais podem ser fundamentais para o sucesso de um negócio. Além disso, reforça que essas forças e pressões habitam o microambiente, no qual podem ser afetadas.

Muitas vezes, organizações são assunto de outros públicos, quase sempre de forma negativa. É cada vez mais comum que empresas cujo propósito é gerar lucro tenham seus processos internos fiscalizados por outras instituições. Não é de hoje que grupos de militância e ativistas em geral reconhecem o impacto que a iniciativa tem na sociedade, bem como a falta de órgãos de auditoria e inspeção.

Qualquer que seja o caso – por exemplo, o PETA ou o Greenpeace, na fiscalização do impacto ecológico da Monsanto ou da Nestlé, ou o Sleeping Giants, na verificação de exposição de empresas que anunciam em *sites* de *fake news* –, é sempre válido esperar que exista um grupo de consumidores "vigilantes" tentando compreender e discutir as repercussões do que as empresas fazem e como fazem.

Tais exemplos endossam que nem sempre é fácil identificar, ouvir e incluir nos processos internos as demandas dos outros grupos de *stakeholders* de uma empresa, mas igualmente deixam claros os severos riscos de ignorá-las.

5 Desafios e armadilhas da colaboração

Muito do que se discute quando se aborda a colaboração na gestão de negócios compõe um discurso otimista e quase utópico. Fala-se da economia do acesso como uma solução para o fim do desperdício, das plataformas de mediação como motores de empoderamento e do uso do *crowdsourcing* como um meio de resolver problemas que ninguém conseguiria sanar sozinho.

Embora este trabalho ecoe essa visão e estimule gestores em todas as áreas a incluir métodos colaborativos em seus negócios por essa perspectiva, seria perigoso não atentar a outras questões que emergem dessas metodologias. Nada é perfeito, e seria ingênuo não discutir problemas reais que surgem (e continuarão surgindo) com a popularização desse tipo de empreendimento.

Até aqui, analisamos o fenômeno dos negócios colaborativos com otimismo e sempre pelo viés das oportunidades que ele propicia e permanece criando. No entanto, nenhum estudo acerca de qualquer manifestação humana estará realmente completo se não explorar seus problemas, suas limitações e suas miopias.

De fato, existem desafios e armadilhas na gestão de negócios colaborativos que qualquer operador deve enfrentar, considerando-se as diferentes origens desses percalços – os comportamentos dos usuários, as dinâmicas de competição ou as externalidades geradas pela escala da colaboração. Neste capítulo, analisaremos em detalhes esse tema.

5.1 A "tragédia dos comuns" e o Napster

O conceito de "tragédia dos comuns" remonta ao século XIX, quando foi cunhado pelo economista britânico William Forster Lloyd. Trata-se de uma situação na qual diferentes agentes agem isoladamente conforme seus objetivos pessoais e, no processo, terminam por progressivamente esgotar um recurso comum.

Na metáfora original, *tragédia* diz respeito ao uso das terras comuns (*commons*) na agricultura e pecuária medieval inglesa. Na época feudal, uma grande área de terreno era dividida entre vários produtores rurais. Essa metragem era considerada um bem comum que não pertencia a nenhum usuário e era compartilhada.

No entanto, cada produtor tinha interesses econômicos claros para se aproveitar dos recursos divididos da melhor maneira possível. O resultado dessa exploração não coordenada e não regularizada era, frequentemente, uma terra comum que se degradava com o tempo. Todos os agricultores tentavam maximizar seu ganho individual, e as condições do bem comum deterioravam por conta de seu uso excessivo.

O termo foi popularizado em 1968 pelo biologista Garrett Hardin. Nessa nova interpretação, a ideia é aplicada ao uso de qualquer recurso livre, desregulamentado e aproveitável economicamente – desde conceitos ecológicos, como a atmosfera ou os peixes no oceano, até objetos como a tinta de uma impressora compartilhada em um escritório.

Cabe notar que, nesse sentido, o recurso em questão não precisa ser gratuito, bem como não é necessário que não seja propriedade de algum agente. Na realidade, na Inglaterra feudal, a terra, com frequência, tinha um "dono", que podia ser um nobre ou a Igreja. Embora os trabalhadores doassem parte das respectivas produções como pagamento pelo uso do terreno, da perspectiva de seu uso, a terra era de fato "comum".

É sob essa ótica que o conceito nos interessa. O uso de recursos comuns é uma parte importante da definição da economia colaborativa pelo viés do acesso. É razoável supor, por exemplo, que cada usuário de um apartamento no Airbnb não esteja particularmente propenso a ocupar seu tempo (ou dinheiro) no imóvel para garantir a manutenção desse bem. Entretanto, ao contrário dos "comuns", o Airbnb é sustentável, porque regula e coordena a ocupação.

No mundo contemporâneo, a "tragédia dos comuns" é geralmente associada à situação ambiental do planeta. As mudanças climáticas e o aquecimento global são realidades científicas. É muito fácil enxergar todas essas questões como exemplos contundentes de como inumeráveis danos podem ser gerados por meio de um comportamento individualmente lucrativo, mas que, de forma agregada, fere a todos.

Iniciativas como o mercado de carbono tentam reconstruir essa equação. No comércio de carbono, uma empresa ou país pode comprar créditos de redução de outros agentes. Dessa forma, indústrias, por exemplo, podem lucrar com seus programas de diminuição de emissões vendendo o excedente de suas metas.

Mas um exemplo mais interessante do ponto de vista mercadológico, porque também ilustra disrupções tecnológicas e culturais, além do modo como a miopia e a inércia de marketing podem ser danosas a um negócio, gira em torno da popularização do formato musical do MP3 e da plataforma que facilitou esse processo: o Napster.

Criado em 1999, o Napster foi a primeira aplicação de sucesso que utilizava a arquitetura P2P (*peer-to-peer*) para compartilhamento de arquivos. De maneira simplificada, o P2P é um processo de trocas de arquivos entre usuários, sem a necessidade de um servidor central. O Napster se popularizou ao aplicar essa distribuição com foco em arquivos musicais, o MP3.

Em 1999, um MP3 típico de boa qualidade tinha por volta de 5 *megabytes* e demorava entre uma e quatro horas para ser transmitido pelas conexões discadas, que ainda eram as mais comuns. Mesmo assim, a plataforma aumentava o acesso a arquivos de músicas em uma escala sem nenhum precedente até então.

A indústria do conteúdo já passou por diversas reestruturações tecnológicas, as quais sempre criaram obstáculos à forma de arrecadação de receita comumente empregada na época. Fitas cassetes popularizaram gravações de rádio, a manufatura de *mixtapes* e VHS permitiu a locação temporária de filmes, e o mercado de *streaming* redesenhou toda a indústria da TV. Essas mudanças foram, de um modo ou de outro, absorvidas pela indústria, mas a demora nessa aceitação sempre gerou atritos entre as empresas e seus consumidores. E o Napster é um ótimo exemplo desse processo.

As gravadoras obviamente estavam com razão. Porém, o fechamento do Napster, conseguido por vias jurídicas, nunca corrigiu o problema, que, em maior ou menor escala, existe até hoje no mercado. E as mudanças tecnológicas e comportamentais que popularizaram o serviço só se tornaram mais ubíquas e inescapáveis.

O caso do Napster é interessante para o estudo da colaboração, porque a transmissão de arquivos de pessoa para pessoa é também uma forma de colaboração. Aqui, o conceito é usado para exemplificar a "tragédia dos comuns" no sentido de que, da perspectiva dos usuários, as músicas disponíveis na plataforma eram um bem comum; mas o *download* indiscriminado e desregulado do Napster ocasionou o fim do serviço.

Ainda, o mesmo caso carrega um alerta para qualquer executivo que tenha sua relação com os consumidores completamente transformada pela tecnologia. Hoje, serviços de *streaming* livres para música, como o Spotify, são a realidade. Porém, por muito tempo, as gravadoras resistiram a esse modelo.

Em 1998, um álbum musical no formato CD custava normalmente entre U$ 10 e U$ 12. O ano também ficou conhecido por ter registrado a maior receita bruta combinada de todos os membros da Record Industry Association of America (RIAA) – em português, Associação Comercial das Gravadoras Americanas –, um recorde composto por um pouco mais de U$ 14 bilhões.

Em 1999, em seu primeiro ano de funcionamento, o Napster atingiu a marca de 80 milhões de usuários. Isso significa que, para manter a receita histórica máxima da organização, uma mensalidade de U$ 15 por usuário (um pouco mais que o preço de um CD na época) seria o suficiente.

Para além dessa anedota, a "tragédia dos comuns" demonstra como uma empresa que gere mercados amplos, diversificados e distribuídos em rede precisa encontrar regulações (internas ou de outra esfera) para impedir que o valor criado pelo modelo se autoimploda e que desvios de conduta dos usuários (às vezes configurados pela própria escala de suas operações) minem as possibilidades de monetização.

5.2 A expectativa da "plataforma final" e o porquê de o Uber ainda não ter lucro

Quando abordamos a economia bilateral, destacamos o fato de que, ao contrário da microeconomia clássica, empresas que trabalham com redes tendem a ter economias de escala constantemente exponenciais que não atingem platôs e nunca se tornam incrementalmente menos relevantes.

Imagine um negócio como o Facebook e você entenderá essa questão. A cada amigo seu (conhecido, *crush* etc.) que ingressa na rede, mais ela adquire valor para você. E o mesmo acontece com os amigos de seus amigos (pessoas que talvez você gostaria de conhecer). Quanto mais a rede é povoada, mais opções de contato cada usuário tem e maior é a pressão para estar presente nesse meio. Obviamente, tanto o valor como a pressão levam mais pessoas à plataforma, e isso também acarreta mais publicidade ao Facebook, o que promove a arrecadação de dinheiro.

No entanto, essa lógica carrega em si uma questão complexa para a gestão do modelo: Quando parar de investir na plataforma e na aquisição de usuários e iniciar o processo de monetização? Essa pergunta é bastante explorada no filme *A rede social*, que retrata (de forma ficcional, é claro) os primeiros anos da empresa.

Como as propostas de valores (para os usuários e a própria empresa) apenas aumentam a cada usuário, como dosar a corrida por novas funcionalidades, o gasto com propaganda, os *vouchers* de desconto e todas as outras estratégias para continuar arregimentando usuários? E como fazer isso de maneira mais rápida, eficaz e eficiente que qualquer possível concorrência?

A palavra-chave nesse raciocínio é a própria concorrência. Um sistema operacional será tanto mais válido quanto mais usuários existirem para os desenvolvedores de *software*. Por sua vez, para o usuário, quanto mais *softwares* houver no sistema, maior será seu valor. Mas, seguindo-se esse raciocínio ao pé da letra, existe espaço no mercado para mais de um tipo de sistema operacional? Seriam os negócios colaborativos propensos à formação natural de oligopólios e de, em situações-limite, monopólios?

Por mais que essa questão tenha desdobramentos jurídicos que dificilmente podemos prever, a verdade do mercado de hoje aponta para uma resposta que é um cauteloso "sim". Tal como em outros mercados, em que diferentes ganhos de escala operam, como no caso do mercado financeiro, a tendência para o estabelecimento da concentração de poucos concorrentes é real e indiscutível.

Não existe vantagem direta para o consumidor na existência de outro buscador *on-line* além do Google. Os *sites* são construídos para estarem otimizados para a plataforma (o cada vez mais relevante campo do marketing conhecido como *search engine optimization* – SEO). Ademais, o Google consolida sozinho uma parcela enorme do orçamento de propaganda *on-line* da maior parte das empresas. Qual foi a última vez que você estudou como anunciar no Bing, por exemplo?

Nesse contexto, o fato de o Uber, até agora, não ter se tornado lucrativo é um caso que exemplifica o estudo da dúvida sobre o momento certo de monetizar. A receita do Uber é um número expressivo, que caminha cada vez mais rápido para a esfera dos 10 dígitos de dólares (U$ 1 bilhão). Todavia, a empresa ainda investe muito mais que isso no desenvolvimento dos *apps* (do motorista e do usuário) e de políticas de segurança (especialmente quando entra em novos mercados), além de dólares e mais dólares de desconto para atrair e segurar usuários. A discussão envolve todos os processos da empresa e perfaz uma constante busca de equilíbrio entre o desejo dos investidores de ganhar dinheiro e a busca da empresa pelo completo e absoluto domínio do mercado.

Crescer sacrificando receita no curto prazo, com vistas a um longo prazo lucrativo, é uma estratégia comum a diversos negócios, mas é muito mais comum em negócios colaborativos, pelos motivos expostos aqui. E até que ponto essa estratégia é válida, e por quanto tempo pode ser mantida, é um raciocínio que o gestor estará sempre contemplando.

5.3 Não é necessariamente sobre tecnologia: o caso da Blimo

Quando o olhar se volta para plataformas globais de colaboração, aplicativos que aceleram e coordenam usuários ou iniciativas *on-line* de *crowdfunding*, é fácil associar o poder disruptor da tecnologia com o fenômeno do crescimento dos *cases* de sucesso e das aplicações que a lógica colaborativa fomenta.

Embora esses dois avanços caminhem juntos, se complementem e se estimulem constantemente, a tecnologia não é necessária para criar, gerir e lucrar com um modelo colaborativo de negócios.

Obviamente, vivemos em um mundo no qual muitas inovações tecnológicas, de comunicação, distribuição de recursos e logística, são tão ubíquas que ou se tornam parte da realidade dos negócios, ou estão ativamente sendo evitadas. Não é porque um negócio envia *e-mail* em vez de usar os correios ou usa entregadores com GPS e não com guias impressos que ele está baseado na tecnologia.

A linha entre o que é essa dependência e o que se tornou tão normal que não pode ser considerado uma vantagem tecnológica não é particularmente rígida (especialmente entre mercados distintos), mas também pode ser relativamente fácil de intuir com bom senso. Usar *e-mails*, tabelas e outros processos tecnológicos para organizar os processos internos de uma empresa não a torna uma organização de tecnologia.

Nesse sentido, relacionar o sucesso (e mesmo a inovação) de um negócio colaborativo simplesmente à existência ou não de uma disrupção tecnológica é improdutivo. Ainda que o negócio se utilize de tecnologias relativamente recentes para operar, ele não está de nenhuma forma criando essa tecnologia, apenas se aproveitando de algo.

Como já destacamos, as forças macroambientais e microeconômicas que impulsionam os negócios colaborativos incluem a tecnologia, mas vão muito além dela. É completamente possível capitanear e operar um negócio colaborativo com papel e caneta (embora, admitidamente, um negócio dessa sorte seja mais complicado de escalonar).

A Blimo (uma biblioteca de moda) é um exemplo de um conceito colaborativo inovador (especialmente no mercado brasileiro) que não exige grandes investimentos tecnológicos para operar.

A Blimo é um *closet* "compartilhado". Os usuários pagam uma taxa fixa e podem visitar o espaço e escolher peças para usar em seu cotidiano ou em eventos especiais. A empresa se compara à Netflix, mas, em vez de *streaming* de vídeos, oferece acesso a diversas peças de vestuário.

A organização ressoa fortemente na economia do acesso, na mudança social do valor da propriedade, na economia da reciclagem e em diversas outras oportunidades já citadas aqui, mas opera, no nível tecnológico, com processos manuais de checagem de estoque e processos de manutenção das peças.

A criação, a manutenção e o apelo dos negócios colaborativos vão muito além da pura exploração das tecnologias.

5.4 Por que o Airbnb pode ser proibido em Berlim?

Os poderes disruptores de uma plataforma escalonável e colaborativa para os mercados em que elas operam são indiscutíveis (e imprevisíveis). O Mecado Livre transformou as vendas na internet, o Uber reconfigurou o transporte de pessoas, e serviços como o iFood estão promovendo mudanças significativas nos hábitos de consumo alimentício de milhões de usuários.

Entretanto, como qualquer empresa que cresce além do esperado, e nesse caso em um ritmo muito acelerado, é comum a geração de externalidades. Na administração, externalidade é um conceito que se refere a uma consequência indireta da atividade de uma organização, normalmente sentida por terceiros. Na economia, o termo é às vezes definido como o efeito colateral de uma decisão sobre aqueles que não participaram dela.

As externalidades nem sempre são negativas. A base do conceito é que os efeitos não são intencionais nem diretos, e sim resultado da operação normal da empresa, embora não sejam contabilizados (muitas vezes, por omissão, mas mais frequentemente por desconhecimento) na mesa de decisão dos gestores.

Tendo em vista essa descrição, talvez o maior caso de externalidade que logo nos vem à mente seja um exemplo fortemente negativo: o aquecimento global, além de outros impactos ecológicos. A indústria têxtil, por exemplo, não só estimula o consumo exacerbado (com modelos de negócio de *fast fashion*, por exemplo), como também contribui para a poluição do ar e da água em um ritmo alarmante (a fabricação de uma calça *jeans* pode, direta e indiretamente, usar mais de 5 mil litros de água).

Existem igualmente externalidades ditas *positivas*, quando a consequência indireta é positiva para a sociedade como um todo. O exemplo típico é que, embora as instituições de ensino (como as universidades) se concentrem em disseminar conhecimentos, criar novos cursos e habilitar pesquisadores, as taxas de mortalidade infantil, por exemplo, têm uma correlação negativa com o grau de escolaridade dos pais.

Quando um gestor ou estudante de administração se depara com o conceito de externalidade, é comum oscilar entre dois instintos. O primeiro deles diz respeito ao fato de que é impossível controlar todas as variáveis de qualquer decisão, e as externalidades são (ao menos, até certo ponto) imprevisíveis, imensuráveis e incontroláveis. O segundo corresponde à percepção de que as externalidades não podem ser ignoradas e devem ser internalizadas no processo decisório sempre que possível.

Ainda que uma discussão profunda sobre o conceito de externalidade fuja ao escopo deste livro, o conceito é fascinante, sendo estudado por economistas ganhadores do Prêmio Nobel constantemente.

Para nossa discussão, um exemplo bastante peculiar de externalidade que podemos citar é o caso da empresa Airbnb, ou, mais especificamente, da transformação do comportamento do dono de imóveis em cidades altamente turísticas, em especial na Europa.

Como qualquer turista que planeja uma viagem pode entender rapidamente, a localização da hospedagem que ele adota modifica completamente sua experiência de turismo. A proximidade a *hubs* de transporte, a atrações turísticas e a outras infraestruturas é muito importante para equalizar os custos-benefícios de todos os itinerários. Portanto, ao visitar cidades como Londres,

Paris ou Berlim, tentar encontrar acomodações na zona mais central da cidade é um desafio para todos os tipos de bolsos.

As pressões, aquisições e construções de hotéis nas regiões centrais das maiores metrópoles turísticas do planeta são historicamente regulamentadas. O Airbnb, porém, subverteu essa lógica e ofereceu aos donos de apartamentos na região central uma forma escalonável de obter receita atendendo ao público dos viajantes intermitentes.

Então, a externalidade gerada pelo Airbnb afeta os donos dos hotéis? Não, ela afeta um terceiro, nominalmente, os trabalhadores de baixa renda que buscam alugar imóveis no centro da cidade para se aproveitar das mesmas infraestruturas, mas como habitantes da cidade (contribuintes de impostos, eleitores etc.), ou seja, que precisam delas mais do que os turistas.

Com o Airbnb, um dono de imóvel no centro de Berlim consegue manter seu apartamento ocupado durante todo o mês, em vários ciclos de poucos dias, arregimentando uma receita consideravelmente maior do que ele conseguiria se o alugasse mensalmente para um habitante da cidade.

Essa discussão, obviamente, tangencia o debate maior sobre a gentrificação, que diz respeito ao fenômeno em que um grupo social de maior renda se apropria de um espaço urbano ocupado anteriormente por habitantes com menos condição econômica, como vem acontecendo no Brooklyn, em Nova York, ou no centro histórico de São Paulo.

Deixada sem regulamentação, essa questão pode rapidamente mudar todo o caráter de uma cidade, impactando decisões gerenciais de empresas e do governo de uma forma exponencial.

A discussão sobre como coibir esse cenário é bastante densa e delicada. A própria natureza do Airbnb torna sua fiscalização custosa e complicada (como sabem os condomínios que tentam impedir sua prática) e, em face de um cenário novo (e rapidamente mutável), fica difícil precisar qual é o nível de regulamentação necessário para impedir o problema.

Nova York, por exemplo, estabeleceu uma regra pela qual o dono (ou locatário) de um apartamento pode alugar um quarto sobressalente para um usuário do Airbnb, mas nenhum proprietário pode usar o sistema para alugar um apartamento inteiro.

Na Europa, a discussão ainda não terminou, mas seu epicentro é, sem dúvida, Berlim, uma cidade em que o mercado de aluguel de imóveis residenciais tem uma legislação protetora (no intuito de lidar com a gentrificação) bastante extensa e cooperativa com o locatário.

De qualquer forma, o exemplo não deixa de expressar perfeitamente como as externalidades geradas por um negócio colaborativo devem sempre ser identificadas para integrar o processo decisório de executivos e donos de empresa.

5.5 Aplicativos de entrega e precarização do emprego

Quando negócios colaborativos conectam pessoas para oferecerem serviços, eles frequentemente comunicam essa parceria pelo ângulo do empoderamento e das oportunidades de renda proporcionados.

Esse raciocínio nem sempre está errado, mas muitas vezes esconde uma falácia inescapável. Os poderes de barganha entre os *players* envolvidos (nesse caso, o aplicativo e a pessoa que efetivamente realiza o serviço) são completamente díspares, e o serviço tem um peso na negociação que ofusca qualquer um de seus usuários.

Alguns negócios colaborativos, como aplicativos de entrega, de transporte e muitos outros usos do *crowdsourcing*, da bilateralidade e do acesso, constroem sistemas intrincados que conectam diversos públicos. Os aplicativos de entrega, por exemplo, florescem em ecossistemas que unem o cliente que pediu a refeição, o estabelecimento que a produziu, a pessoa que a entregou e o próprio aplicativo. Contudo, nem todas essas partes dispõem da mesma possibilidade de negociar sua posição nesse sistema.

Ou seja, existe uma imensa assimetria de poderes entre as partes, a começar pelo cliente. Na maior parte dos aplicativos de entrega e transporte, o cliente é prioritariamente conectado ao aplicativo, ou seja, é um cliente da plataforma. Nela, ele escolhe um restaurante e faz o pedido (podendo, inclusive, efetuar o pagamento) e recebe em casa o que pediu. Nesse método de compra, a pessoa pode até nem ter certeza do lugar em que pediu – talvez nem se lembre do nome do estabelecimento.

Depois, há o restaurante, que é o fornecedor do prato, mas, da perspectiva da plataforma, é também um cliente. Da perspectiva do restaurante, o aplicativo serve o cliente que o selecionou e pode até ter pago pelo produto. Com frequência, o estabelecimento nem sabe o endereço da entrega; ele apenas recebe o pedido (e, muitas vezes, o dinheiro) sem ter qualquer controle do restante do processo.

Você pode fazer o mesmo pedido na mesma pizzaria toda semana, mas ela talvez nem consiga saber que está entregando sempre para você. O único real controle que o restaurante tem é sobre a precificação e, mesmo nesse caso, considerar as taxas e opções do aplicativo é parte natural do processo.

E o que dizer, então, do entregador? Esse profissional, no processo todo, é de longe o mais substituível. Ele não controla nenhum aspecto de toda a operação e, geralmente, só descobre o quanto receberá por corrida depois de completá-la. É um trabalho difícil e, muitas vezes, perigoso (por conta do trânsito), além de ser bastante instável.

O perfil de pessoa que busca ser entregador de aplicativo não surpreende ninguém. São jovens com baixa escolaridade e baixa renda, oriundos das periferias e com poucas oportunidades. Muitos, aliás, são obrigados a investir antes de começar a receber, seja comprando uma bicicleta ou moto (uma externalidade para a empresa), seja desembolsando alguns valores para pagar por itens como mochila térmica e até uniforme.

Os entregadores não dispõem de incentivos para descansar (eles recebem por entrega e não têm estabilidade nenhuma para descanso) e também não são estimulados a se portarem bem no trânsito (quanto mais rápido fizerem uma entrega, mais rápido iniciarão a próxima). Esses comportamentos terminam sendo completamente não reguláveis. Você pode até "negativar" um entregador porque seu pacote chegou aberto ou amassado, mas como vai saber por quantas horas ele está trabalhando ou como se comportou no trânsito?

Essas duas questões (a assimetria dos papéis e o perfil do empregado) são sinérgicas e se realimentam para criar um terrível círculo vicioso. A verdade, nas ruas e na vida dessas pessoas, é um pouco diferente da visão de empoderamento e autonomia econômica que os aplicativos preferem divulgar. Essas pessoas não são exatamente profissionais independentes prestando um serviço; pelo contrário, são quase empregados informais, semidescartáveis e sem nenhuma proteção jurídica, especialmente em uma economia de recessão, em que muitos desempregados precisam de opções, e jovens sem experiência têm muitas dificuldades para começarem suas carreiras.

Essa tendência à precarização do emprego sempre existiu e, em um país com regras trabalhistas rígidas e pouca (ou, ao menos, pouco confiável) fiscalização, é comum. Porém, esse caso suscita para qualquer gestor um questionamento sobre as relações entre todas as partes conectadas por seu negócio, bem como a respeito dos direitos e deveres de cada um em face de suas posições financeiras e de barganha.

5.6 *Astroturfing* e manipulações coletivas

Uma vez que os negócios colaborativos são, por definição, construídos por muitas mãos, de várias formas e com o desempenho de muitos papéis, diversas questões sobre controle e acuidade surgiram e continuam aparecendo.

Embora a maioria dessas discussões lide com *fake news* e esteja relacionada a um contexto mais amplo de sociedade, política pública e cidadania, existem outros exemplos em menor escala cujo estudo permanece sendo interessante.

O problema aqui é o que acontece quando um grupo de usuários se une para deliberadamente manipular plataformas construídas por colaboração ou para ganho pessoal, como uma forma de ativismo ou até de intervenção lúdica na realidade.

O primeiro caso para ilustrar esse comportamento é o *happening* artístico Google Maps Hack, do artista alemão Simon Weckert. Simon juntou 99 iPhones em um carrinho de mão, logou todos no Google Maps e saiu com o carrinho para andar lentamente por diversas ruas de Berlim.

A plataforma, treinada para interpretar um grande número de usuários se movendo vagarosamente como sinal de engarrafamento, começou a reportar uma intensidade de trânsito pela cidade que de forma alguma correspondia à realidade. O exemplo demonstra a fragilidade desse tipo de serviço colaborativo em face de manipulações intencionais.

Outro exemplo que denota como um comportamento pode ser coordenado para manipular empresas do setor gira em torno do videoclipe da música *Paradinha*, da cantora Anitta. Um movimento organizado por fãs da cantora pretendia usar *softwares* de VPN (que mascaram a posição geográfica do usuário) e emular o sucesso do vídeo em outras praças do YouTube, como forma de alavancar a projeção internacional da cantora.

A ideia era convencer o YouTube de que, em vez de ser um usuário brasileiro acessando o conteúdo, era um usuário norte-americano, por exemplo. Centenas de fãs atuavam juntos, assistindo a clipes de cantoras famosas e, imediatamente depois, o clipe da Anitta. O esforço conjunto visava viciar o algoritmo do YouTube para disponibilizar o clipe da cantora brasileira na sequência de um sucesso internacional para usuários norte-americanos. Medir os resultados da iniciativa é complicado, mas existem registros jornalísticos de que a prática teria sido conduzida simultaneamente em outras plataformas, como Google e Spotify.

Mais um exemplo, ainda em um contexto mais anedótico do que predatório, foi o caso do restaurante The Shed at Dulwich, que se tornou o restaurante mais cobiçado e mais bem avaliado na plataforma Tripadvisor sem nunca sequer ter existido.

O projeto, iniciado por um trabalhador de mídias sociais britânico, envolvia uma série de resenhas falsas postadas pelos seus amigos e uma agressiva campanha no Instagram, com fotos dos supostos pratos construídas com creme de barbear e outros objetos caseiros.

O restaurante se vendia como uma experiência exclusiva e chegou a receber milhares de pedidos de reserva, até mesmo de grandes celebridades e famosos da cidade e de todo o mundo. Para terminar o processo, antes de assumir o *hoax*, um jantar foi oferecido para algumas pessoas da lista de espera. O "restaurante" serviu refeições de uma libra a preços muito maiores e, mesmo assim, os clientes reportaram terem tido uma experiência positiva que recomendariam a seus pares.

Esses três exemplos podem ser considerados relativamente inócuos. As plataformas afetadas mantêm o entendimento oficial de que tais iniciativas ferem os usuários genuínos dos serviços e explicitam que tais comportamentos não correspondem a seus termos de serviço, alertando que, se um usuário for identificado agindo assim, poderá terminar sendo bloqueado ou removido de alguma forma.

Todavia, todos esses retratos demonstram como a prática desonesta do *astroturfing* pode gerar resultados relevantes. O conceito se refere à prática de inundar serviços de avaliação de estabelecimentos com *reviews* positivas, escritas por humanos remunerados e/ou fazendas de robôs.

O *astroturfing* corrói completamente a validade de muitos serviços de avaliação e pode ser muito maior do que se imagina. A prática de comprar seguidores e resenhas positivas é um serviço não muito difícil de contratar, com um impacto negativíssimo para todos os usuários, com exceção do estabelecimento que efetua a compra. Constitui-se em uma forma de burlar a realidade e consiste em um problema real para plataformas que dependem de sua reputação para gerar valor.

Essa "construção de opinião pública", em oposição a um sentimento popular espontâneo, pode afetar pesadamente um negócio colaborativo. Um estudo de um especialista em *data mining* da Universidade de Illinois chegou à conclusão de que quase um terço de todas as resenhas de produtos e serviços na internet pode ter uma origem forjada e dados falsos (Eberstadt, 2012).

Como mencionamos anteriormente, o problema reflete as mesmas questões que revolvem em torno do uso de *fake news* em campanhas políticas e na construção da sociedade, mas em um contexto mais mercadológico e financeiro.

5.7 Reflexões sobre os desafios e as armadilhas da colaboração

Os tópicos deste capítulo não abordam todos os problemas de todos os negócios colaborativos, mas apenas pontuam algumas situações em que tais problemas se apresentam.

Todo negócio gera externalidades. A maior parte das empresas tentará evitar a regulamentação e economizar custos, e isso é natural da administração. Sempre existiram *motoboys* sem carteira assinada, por exemplo, e não foi o Airbnb que inventou a gentrificação ou o Napster que criou a pirataria.

Acontece, no entanto, que, toda vez que falamos sobre o fato de a escala da colaboração nos negócios ter crescido exponencialmente dentro do macroambiente moderno, também estamos inferindo que as problemáticas que eles instauram dão saltos de escala.

Talvez caiba aos governos realmente equacionar essas relações ou gerar formas mais atenciosas de angariar valor. Uma coisa, porém, é fato: os negócios colaborativos também criam realidades a serem ponderadas e problemas a serem resolvidos.

6 Mercados colaborativos e outras ciências

Um conceito complexo e tão multifacetado como a economia colaborativa acaba apresentando uma série de pontos de contato com diversas áreas do conhecimento humano. Para ilustrarmos esse raciocínio, neste capítulo trataremos de conceitos tangenciais à aplicação da colaboração aos negócios, originários de campos como a economia comportamental, a teoria dos jogos e a antropologia.

A ideia é discutir ângulos específicos do fenômeno para ajudar a construir um entendimento mais profundo sobre as possíveis causas de sua popularidade. Nesse processo, buscaremos salientar as demandas e as questões da sociedade que são completamente reorganizadas pelo compartilhamento e/ou pelo *crowdsourcing*.

Desse modo, muitos dos exemplos comentados na sequência sugerem problemas e empecilhos que têm como base paradigmas e obstáculos severamente reescritos ou ignorados pela colaboração. A sustentação desse raciocínio visa fortalecer o argumento de que, acima de tudo, a economia colaborativa é uma mudança real de paradigma no que tange à forma de criar valor para clientes e conduzir negócios.

6.1 *Nudges* (economia comportamental) e contratos locais de marca

Durante boa parte da história da economia como ciência, a produção acadêmica e pragmática desse campo de estudo sempre teve um calcanhar de aquiles bastante aparente: a suposição do comportamento racional dos indivíduos.

Isso nunca significou que tais trabalhos eram inúteis ou completamente equivocados, e sim que os resultados reais dessas teorias estavam sempre abertos a tal escrutínio e, ainda, que as variações entre prática e pensamento nunca deixaram de ser claras.

Recentemente, no entanto, a economia vem sendo transformada por um ramo relativamente moderno de estudo: a economia comportamental, a qual visa encontrar um meio-termo entre a economia clássica e o comportamento real dos indivíduos, incorporando a psicologia e outras ciências cognitivas em seus modelos matemáticos.

As implicações dessa convergência são inúmeras, e o assunto é profundo e extremamente interessante. Porém, para mantermos o foco deste trabalho, concentraremos nossa atenção em um dos conceitos originados nesse campo: os *nudges*. Em português, *nudge* pode ser traduzido como "empurrãozinho" e representa o conceito de impactar comportamentos com algum pequeno reforço positivo e/ou sugestão. Os *nudges* estão relacionados à arquitetura da escolha, em que se emolduram opções de forma a estimular que alguém tome a decisão pretendida.

Os exemplos são claros: desde um estudo com crianças que confirma que é muito mais fácil fazê-las comer maçãs quando estas são servidas fatiadas até a constatação de que assinaturas de revistas físicas aumentam muito quando edições *on-line* são incluídas pelo mesmo preço. Assim, os *nudges* são pequenas alterações que causam grandes diferenças.

Uma tendência de negócios que tem se tornado cada vez mais expressiva na sociedade e está relacionada ao conceito de *nudge* é o que vem sendo chamado de *contratos de marca*. Tal tendência descreve que, muitas vezes, uma forma simples de gerar engajamento com o público é promover – e, em certo sentido, chegar a exigir – comportamentos específicos dos clientes que podem melhorar a experiência de todos, além da atitude dos consumidores em face da marca.

Essa ideia confronta diretamente o velho adágio de o cliente sempre ter razão. Na realidade, assume-se que, ao cobrar e coibir o comportamento dos usuários, a experiência geral de todos melhora e que, quando um cliente percebe que está fazendo alguma espécie de sacrifício pessoal em nome do todo, esse comprometimento adiciona valor à experiência.

Os contratos de marca ocorrem igualmente em serviços virtuais, encarnados como *termos de serviço*, mas principalmente em lugares físicos, em especial os relacionados à indústria do entretenimento, como bares e restaurantes. Contudo, seu maior alcance está ligado a regras sociais de interação entre pessoas, com destaque para o contexto de paquera e/ou respeito à diversidade.

Em certo sentido, toda a ideia do contrato de marca é uma espécie bastante profunda de *nudge*. Trata-se de um pequeno empurrão para garantir comportamentos saudáveis e livrar ambientes compartilhados de comportamentos tóxicos que dificultam a diversão de todos. Mas, para além do contexto de entretenimento, os contratos locais de marca têm se popularizado em um tipo de negócio colaborativo estritamente localizado: o *coworking*.

Os *coworkings* contam com uma motivação bastante prática para perseguirem esse tipo de *nudge*. Além de tentarem se diferenciar uns dos outros pela qualidade de suas infraestruturas e pelos seus pacotes de precificação, muitos desses empreendimentos também se concentram no propósito de promover um senso de comunidade e de extrair oportunidades reais desse cenário.

Estimular que pessoas que trabalham em projetos diferentes interajam entre si e, ao mesmo tempo, respeitem os fluxos individuais de trabalho e produtividade é um desafio para qualquer *coworking*. Nesse sentido, muitos têm adotado áreas onde comportamentos mais abertos são encorajados em suas arquiteturas ou organizado eventos específicos para esses fins.

Em todo caso, tanto os *nudges* quanto os contratos de marca são ferramentas importantes para gerar e manter engajamento, tanto para negócios tradicionais quanto para empreitadas colaborativas.

6.2 Teoria dos grafos: pais no Facebook

Na matemática, o ramo de estudos que tem como foco as redes, em sua organização e em suas propriedades, é chamado de *teoria dos grafos*. A expressão pode parecer se referir ao que denominamos *gráfico*, isto é, uma forma de organizar dados visualmente que auxilia na compreensão destes; porém, trata-se de campos completamente distintos.

O primeiro trabalho dessa ciência foi um artigo publicado em 1736 pelo matemático suíço Leonhard Euler, referente às sete pontes de Königsberg (Imeusp, 2021). Königsberg (atual Kaliningrado, Rússia) era uma cidade prussiana construída nos dois lados de um rio e com algumas ilhas fluviais entre si. Todas essas massas terrestres eram ligadas por uma série de sete pontes, e fazia parte do folclore local questionar se seria possível atravessar todas as pontes sem nunca repeti-las, ou seja, começar de um determinado ponto e percorrer todas as pontes sem nunca repetir nenhum trajeto.

As tentativas de muitos matemáticos de organizar a questão em uma moldura conceitual própria para a análise acabaram dando origem a termos que aplicamos coloquialmente ao estudo das redes hoje, tais como *nodos*, *vértices* e *arestas*.

A teoria caminhou por diversos processos e impactou dezenas de áreas, da cartografia à antropologia, mas recentemente cresceu muito em atenção por conta da internet e do paradigma segundo o qual a sociedade se constitui em uma rede que a existência da *web* popularizou.

Na matemática, criaram-se formas de diferenciar redes e abriu-se espaço para estudos sobre adjacência (vértices diretamente conectados), graus (número de arestas ligadas a cada vértice), tipos de grafos (redes distribuídas em que todos alcançam todos *versus* redes centralizadas em que um ou poucos vértices operam como *hubs*), entre outros. Incidentalmente, inclusive, encontrou-se uma solução para os problemas das pontes e é matematicamente aceito que, por conta de sua distribuição, é impossível passar por todas sem retornar por alguma delas.

Dessas teorias emergiu um campo que até hoje suscita a proposição de aplicações práticas, como seu uso em algoritmos que calculam caminhos e outras questões logísticas. Mas, acima de tudo, obteve-se a certeza matemática em relação a algo que até a intuição é capaz de conceber: no universo das redes, "mais é diferente".

O que essa expressão significa é fácil de entender, mas essa simplicidade pode acabar deixando escapar como essa afirmação é poderosa. "Mais é diferente" significa que, quanto mais elementos (nodos ou conexões) uma rede tiver, mais ela se comportará de forma diferente.

Portanto, quanto mais ligações diretas um vértice tiver, maior será sua influência em caminhos, do mesmo modo que é difícil cruzar uma cidade de ponta a ponta sem passar por suas vias centrais. Igualmente, a cada nódulo que se encaixa na rede, suas possibilidades se multiplicam. Assim, por exemplo, a cada nova estação de metrô adicionada à malha, muito mais pessoas podem usar a plataforma, porque seu alcance foi ampliado.

Nas redes humanas, ainda existe mais um pedaço nessa equação, no sentido de que o perfil dos usuários tem um impacto gigante no valor da rede. A maioria de nós tem um perfil no Facebook conectado a nossos amigos e conhecidos. No entanto, o uso da plataforma foi mudando radicalmente à medida que um novo público passou a adotá-la: os familiares dos primeiros usuários.

O Facebook continua sendo a rede social primária de muitas pessoas, mas o próprio *site* (e a mídia especializada) avalia que o perfil das interações mudou muito conforme a faixa etária, e a demografia geral da plataforma também se alterou.

Construído por um jovem de 19 anos, em um dormitório estudantil de uma universidade americana, o Facebook rapidamente se espalhou por esse público. Hoje, porém, sua demografia é completamente diferente. Nos EUA, estima-se que entre 75% e 83% dos adultos têm um perfil na rede social, não só porque muitos envelheceram junto com o *site*, mas também porque outros públicos, com mais idade, o adotaram (Forbes, 2016). Em contrapartida, atualmente, a rede social tem um problema real com o engajamento de seus usuários mais jovens.

Essa mudança de uso não só empurrou jovens para outras redes sociais, como também redimensionou o tempo logado de muitos usuários. Por outro lado, o crescimento da empresa continuou acontecendo, tanto porque novos usuários seguem se inscrevendo quanto porque a maior parte dos *early adopters* (os adotantes originais), apesar de terem diminuído suas atividades, ainda mantêm seus perfis.

A mudança de comportamento dos usuários reflete uma das maiores verdades sobre as redes na matemática e demonstra como essa verdade se aplica a negócios colaborativos. Cada novo usuário de uma plataforma tem um efeito em cascata pela rede inteira e pode afetar seu valor e seu uso para o bem ou não.

6.3 *Machine learning* e o consumo de mídias por algoritmo

Vivemos em uma época tão pautada pelo avanço tecnológico e por seu impacto na sociedade que é difícil subestimar a influência da tecnologia na vida cotidiana. As ciências da computação são tão ubíquas que um entendimento básico de seus processos é fundamental para a capacidade de análise de qualquer situação.

Na computação, há um tipo específico de programação que, embora teorizado nos anos 1960, finalmente vem criando aplicações práticas interessantes: o *machine learning* (aprendizado de máquina). O termo corresponde a um subtipo de inteligência artificial que trabalha com a construção de algoritmos que podem, por meio da experiência, aprender a executar uma tarefa complexa demais para ser programada tradicionalmente.

O próprio termo *algoritmo* é cada vez mais comum, mas sua exata definição não é rapidamente internalizada por muitos. Um algoritmo consiste em um conjunto sequencial de ações a serem executadas, construído de forma lógica para obter um resultado específico. Existem algoritmos de diversas complexidades, mas um exemplo simples de entender é uma receita culinária: uma listagem de ingredientes e uma série sequencial de processos.

Os algoritmos são a base de muitas programações tradicionais, como macros e fórmulas no Excel, porém existem processos básicos para um ser humano que se provaram repetidas vezes muito complexos para serem quebrados em regras simples e sequenciais. Um exemplo comum é a habilidade de reconhecer rostos humanos ou letras cursivas. É em aplicações como essas que a aprendizagem de máquina se sobressai.

De forma simples, o *machine learning* se refere à ação de desenhar um algoritmo imperfeito e treinar uma máquina para ajustá-lo aos poucos, com uma base gigante de iterações. Ainda sobre o exemplo da letra cursiva, alimenta-se um algoritmo com centenas de milhares de letras "a", em diferentes caligrafias, e o programa vai ajustando seus julgamentos um a um. O algoritmo começa com uma base de acerto quase aleatória, mas, por meio da experiência que ganha com cada exemplo, vai se autoajustando até ser capaz de cumprir a tarefa cada vez mais e melhor.

Algoritmos construídos por redes neurais que se autoajustam são muitas vezes chamados de programação *bottom up* (de baixo para cima) porque vão se regulando aos poucos. Esse termo contrasta com a programação *top down* (de cima para baixo), na qual os passos a serem executados são criados e organizados pelo programador.

Muitas mídias sociais e outros negócios colaborativos, como *apps* de mobilidade urbana ou serviços de encontro, são experiências de consumo completamente mediadas por algoritmos. Nesses serviços, um algoritmo organiza, apresenta e rastreia o conteúdo. Entretanto, o que difere esses algoritmos de uma grade de programação tradicional, que basicamente faz as mesmas coisas, é que a versão computacional é individual e construída **em conjunto** com o usuário.

Essa construção ocorre tanto no nível individual quanto no comparativo entre diferentes usuários. O algoritmo do Instagram, por exemplo, aprende a organizar seus *stories* com base naqueles a que o usuário mais assiste habitualmente. Ao mesmo tempo, ele monitora seu comportamento agregado e o compara com o de outras pessoas. Além disso, o algoritmo pode localizar algo que seja interessante para aquele usuário porque também gerou interesse em seus amigos mais próximos ou, ainda, mostrar-lhe uma propaganda porque ela funcionou com desconhecidos que seguem os mesmos influenciadores.

Em nenhuma mídia social, no entanto, o algoritmo é tão importante quanto no YouTube. Isso porque a forma de consumo de mídia nessa plataforma é diferente (ao contrário da maior parte das mídias sociais, ele não é construído primariamente em torno de amigos e conhecidos) e também porque, da perspectiva do produtor, uma boa relação com o algoritmo é a melhor maneira de promover seu trabalho e, talvez ainda mais relevante, sua capacidade de monetização.

A comunidade de criadores do YouTube até cunhou o termo *adpocalypse* – junção do termo *ad* (propaganda) e *apocalypse* (apocalipse) – para designar mudanças repentinas na lógica do algoritmo que impactam rapidamente as visualizações, as inscrições e a remuneração dos vídeos.

Diversas versões desse tipo de evento já aconteceram na história do *site*. A primeira, e talvez a mais significativa, ocorreu no começo de 2014, quando, na tentativa de consertar *clickbaits* (vídeos que roubavam a atenção com títulos e imagens que não correspondiam ao seu conteúdo), o YouTube decidiu distanciar o algoritmo de cliques e visualizações e começar a remunerar e distribuir os vídeos com base em seu tempo de retenção na plataforma.

A mudança transformou rápida e permanentemente a plataforma. Por exemplo, canais de animação, que tinham vidas lucrativas com pequenos vídeos de 3 minutos em média, perderam seu peso, e toda uma revolução ocorreu com canais de *gameplay* e resenhas de jogos, um assunto que rende vídeos maiores e que, na esteira da mudança, cresceram em recomendações e viabilidade econômica.

Outras versões do mesmo acontecimento continuam ocorrendo e dificilmente devem parar. O YouTube está constantemente tentando resolver problemas da plataforma, mas também pensa em maneiras de criar conteúdo infantil que seja seguro, bem como em formas de combater *fake news* e vídeos preconceituosos, pornográficos ou mesmo ilegais.

Cabe ressaltar que cada mudança que a empresa faz impacta todos os usuários. A audiência, em seu consumo mediado pelo algoritmo, é empurrada de conteúdo a conteúdo, e os criadores precisam se adaptar rapidamente ou perderão relevância.

Os algoritmos são e continuarão sendo essenciais para o funcionamento de muitos negócios da economia colaborativa. Seu impacto é inegável, e suas aplicações são cada vez mais corriqueiras e relevantes.

Parte 3

Exemplos de uso da colaboração

O objetivo desta terceira parte do livro é oferecer um mapa do estado atual da colaboração nos negócios por meio de exemplos de negócios referentes a diversas indústrias.

A listagem apresentada na sequência não é de forma alguma exaustiva. Ela foi elaborada para pontuar e exemplificar aplicações práticas de tudo o que foi discutido até aqui e constitui-se, também, de um fichamento das histórias, das realidades financeiras e dos alcances dos negócios citados[1].

---
1 A grande maioria das informações referentes às empresas mencionadas neste capítulo pode ser encontrada nos respectivos verbetes da Wikipédia, os quais são constantemente atualizados pela equipe da plataforma. Para os demais casos, as fontes foram incluídas na lista final de referências.

7 As múltiplas indústrias da colaboração

A colaboração não é exatamente uma indústria, e sim uma moldura processual que se espalha por diversos setores.

Neste capítulo, elencaremos diversas iniciativas que demonstram a versatilidade da economia do compartilhamento, do *crowdsourcing* e da bilateralidade ao se adaptarem e transformarem diversas áreas da administração.

Na abordagem de cada uma dessas indústrias incluiremos pequenas entradas sobre grandes *players*. Essa seleção englobará grandes empresas do setor, mas também contemplará negócios pioneiros ou que encontraram algum sucesso localizado, seja em um nicho, seja em um mercado geográfico específico.

A maioria das empresas citadas têm operações importantes no Brasil, mas, muitas vezes, sua origem internacional e seu foco em outros mercados mais lucrativos permitem que contrapartes nacionais explorem o mesmo nicho. Em muitos casos, portanto, tanto o maior *player* global quanto suas versões nacionais serão examinados.

7.1 Mobilidade urbana

Embora sempre tenha sido parte de demandas e deveres dos governos de todas as esferas, o tema da mobilidade urbana, a cada transformação tecnológica ou cultural, permanece mais complexo e mais relevante.

Em linhas gerais, o termo se refere aos métodos e à facilidade de deslocamento de indivíduos em um contexto municipal ou intermunicipal. Tais variáveis são controladas de forma direta e indireta e, em teoria, devem contar com diretrizes rígidas de planejamento, com objetivos claros e formas pragmáticas de executá-los.

Em uma análise da malha da mobilidade urbana, é comum e importante incluir os eventos e empreendimentos governamentais. É o governo que centraliza o planejamento e que toma a maior parte das decisões a esse respeito. Por mais que a operação das linhas de ônibus seja privada, seu desenho é uma decisão da prefeitura. Ademais, ainda que a construção de toda uma linha do metrô seja financiada e levada adiante por um parceiro privado, o governo participa do planejamento e de outras questões, como a compra ou a desapropriação dos imóveis onde serão localizadas as estações.

Também cabem à administração pública outras decisões de infraestrutura que impactam os hábitos e as possibilidades de seus cidadãos. A criação, manutenção e estruturação da malha viária, a construção de ciclovias ou a disposição de faixas de pedestre são todas decisões tomadas em nível público, das quais emergem as rotinas e os traslados de todos.

De qualquer modo, por mais robusto, amplo e acessível que um sistema de transporte público seja, é provavelmente impossível construir opções para todos o tempo todo. Assim, nessa esfera, sempre foi comum surgirem serviços privados. As frotas de táxis e os serviços de aluguel de veículos particulares sempre prosperaram nesse filão.

Contudo, a colaboração é uma parte bastante moderna desse fenômeno. Diferentes modelos de negócios que giram em torno do compartilhamento de viagens e/ou veículos foram estabelecidos para complementar as opções mais tradicionais ou rivalizar com elas.

Essa transformação ilustra muitos dos conceitos analisados neste livro. É fato que tais modelos representam uma adição valiosa ao cenário urbano, com alto potencial de gerar lucro e perfeitamente escalonável. Porém, sua presença requer legislação específica, e seu impacto social merece estudo.

Uber

Sem dúvida, atualmente, a Uber é a maior e mais bem-sucedida empresa de mobilidade urbana colaborativa e também a que tem o maior alcance. Foi lançada em 2009, em São Francisco, por um programador chamado Garrett Camp.

A empresa iniciou suas operações como um serviço de compartilhamento de limusines e motoristas particulares, mas, ao longo dos anos, foi promovendo um modelo no qual motoristas autônomos, dirigindo os próprios carros, chegam aos consumidores por meio de uma plataforma. Ou seja, a organização adotou um modelo colaborativo de reunir públicos e tirar valor disso.

Em 2010, a Uber rompeu mais uma barreira e deu início a um célere processo de expansão, com o lançamento do UberX, uma categoria de produtos menos *premium* que expandiu exponencialmente a base de usuários (motoristas e carros mais populares e clientes dispostos a pagar menos), o que levou a uma explosão no alcance e no valor que perdura até hoje.

A empresa, que hoje atua em 63 países e em mais de 700 zonas urbanas, tem uma receita anual de U$ 14 bilhões e emprega mais de 20 mil pessoas pelo mundo, o que simboliza uma realidade de mercado inescapável. A proposta, bem como a capacidade do Uber de espalhá-la rapidamente, promoveu transformações disruptoras em todo o planeta.

Sobre a Uber, ainda é válido citar sua face tecnológica. O financiamento de pesquisas para a automação de carros de passeio, isto é, a criação de veículos autônomos, recebe muita cobertura midiática e consiste em um aspecto importante da sobrevivência da empresa no longo prazo. Porém, também é válido reconhecer que suas primeiras contratações envolveram físicos nucleares e neurocientistas alocados em um programa matemático de previsão de demanda em diversos mercados globais.

Hoje, a Uber é, em qualquer medida, uma empresa gigantesca do setor de mobilidade urbana e logística de entregas e está frequentemente levando sua marca a novos modelos e negócios correlatos.

Lyft

A Lyft é uma empresa norte-americana frequentemente considerada a maior concorrente da Uber em seu mercado doméstico. A origem da organização é diferente, pois o serviço era uma das ofertas, criada em 2012, de uma empresa de carona solidária, chamada Zimride, fundada em 2007.

Cabify

Empresa de mobilidade urbana oriunda da Europa, a Cabify iniciou suas operações em Madri, na Espanha, em 2011. A organização atua com um modelo semelhante ao da Uber e da Lyft e é mais relevante na Europa e na América Latina. Tem uma relação diferente com a legislação e opera em condições legais em todos os seus mercados.

99

A 99 foi fundada no Brasil, em 2012. A empresa operava inicialmente com serviços que incluíam apenas taxistas. Eventualmente, criou um serviço chamado 99POP, que funcionava da mesma forma que outras empresas do setor. Recebeu capital internacional em 2017 e, agora, é a segunda maior empresa da categoria no Brasil.

Waze

Nem todos os negócios colaborativos que atuam na mobilidade urbana estão ligados ao compartilhamento de recursos físicos. O Waze integra essa lista porque agrega dados de sua comunidade e os transforma em produtos.

O Waze é um aplicativo que monitora os dados de posicionamento, percurso e velocidade de seus usuários e utiliza essas estatísticas para prever o comportamento do trânsito como um todo e desenhar itinerários ideais para os motoristas.

A empresa foi fundada em Israel por três engenheiros, em 2008. Em seguida, captou algumas rodadas de investimento e terminou sendo comprada pelo Google em 2013. Seu modelo de negócios é monetizado por meio de propagandas.

Turbi

A Turbi é uma *startup* brasileira e a maior empresa de *carsharing* da América Latina. No modelo, qualquer um pode alugar um carro (e dirigir por si mesmo) por pequenos períodos e para viagens breves. Os carros são localizados e desbloqueados por aplicativo e contam com GPS, que é usado no cálculo da tarifa.

A companhia foi fundada em 2017 e, hoje, disponibiliza mais de 600 carros na zona metropolitana de São Paulo.

7.1.1 Micromobilidade

Outro mercado correlato à mobilidade urbana é o da micromobilidade. O conceito já se prestou a muitas definições similares, mas sempre revolveu em torno de uma ideia conhecida como "a última milha", ou seja, as pequenas distâncias que as pessoas completam para chegar ao seu meio de locomoção, quase sempre poucos quarteirões.

Recentemente, novas soluções de compartilhamento de bicicletas ou patinetes elétricos, por exemplo, começaram a explorar esse mercado. Tais iniciativas se popularizaram no Brasil entre 2018 e 2019, e várias empresas já atuaram no mercado, tanto como negócio quanto como propaganda.

Empresas como os bancos Itaú e Bradesco já lançaram suas empreitadas, e outros *players* internacionais e locais (Yellow, Grin, Lime, Scoo etc.) disputam uma posição.

7.1.2 Empréstimos de veículos entre pessoas

Outra faceta do mercado que vem sendo explorada por algumas empresas diz respeito a um modelo de negócios que gira em torno dos objetivos de facilitar, organizar e coordenar empréstimos de veículos entre usuários finais.

O serviço existe no contexto da mobilidade urbana, como no caso, por exemplo, da *startup* Turo, criada em São Francisco. Por meio dela, usuários podem alugar seus carros quando estão viajando ou, até mesmo, coordenar pequenas viagens efetuadas com seus automóveis enquanto estão no trabalho, liberando ativos subutilizados e proporcionando alguma receita.

Esse conceito também existe em um cenário de lazer, como o proposto pela Boatbound, que facilita aluguéis de barcos de pessoa para pessoa, como em uma espécie de Airbnb. Em um mercado no qual a média de uso de um barco privado é de 14 dias por ano, as possibilidades parecem evidentes.

7.2 Logística de entregas

Além do deslocamento físico dos indivíduos pela cidade, outro aspecto da vida urbana se refere ao transporte constante de mercadorias, documentos e outros bens físicos. A coordenação e a logística dessas atividades também contam com um histórico profundo e, recentemente, abundante na esfera dos negócios colaborativos.

Muitas empresas vêm encontrando sucesso ao atuar nesse mercado. Elas conectam entregadores, fornecedores e clientes em uma série de serviços de entrega. Em todo caso, sempre existiram entregadores de comida nas cidades grandes, e nunca foi difícil fretar um *motoboy* para uma entrega específica.

Todavia, a colaboração transformou essa indústria em uma batalha de gigantes, capazes de agregar e dividir recursos e, em certo sentido, empoderar trabalhadores mais autônomos. Foi a colaboração que permitiu a qualquer restaurante fazer entregas sem ter funcionários especializados nisso, bem como facilitou a otimização do tempo por parte de entregadores.

Não podemos esquecer, no entanto, como as relações trabalhistas entre essas plataformas e seus entregadores são motivo de polêmica, o que ficou evidenciado pelo fato de já terem sido convocadas duas greves nacionais da categoria – eventos que parecem estar se tornando um movimento organizado.

iFood

Fundado em 2011, o iFood é uma empresa brasileira que hoje opera em diversos países da América Latina e concentra um *market share* de 86% dos pedidos de entrega de comida por internet no Brasil, clamando ser mais de 17 vezes maior que a segunda empresa do ramo no país, a Uber Eats (Mari, 2019). É uma empresa de capital fechado avaliada em mais de R$ 1 bilhão.

Uber Eats

O UberEats iniciou suas operações em 2014, como uma forma de a empresa utilizar a rede de profissionais que já reunia para, além de fazerem viagens, também operarem como entregadores de comida. A plataforma deu início à sua participação no Brasil em 2016 e já atende mais de 150 cidades, em todos os estados da Federação.

Rappi

Enquanto o iFood se popularizava no país, o modelo de *delivery* para restaurantes via plataforma, um outro serviço, com um conceito diferente, mais próximo de um *superapp*, também crescia. Nessa forma de atuação, a empresa não se especializa em um tipo de produto e provê logística para qualquer tipo de compra.

Esse modelo não inclui (ao menos, não necessariamente) uma parceria com o fornecedor. Dessa forma (com o entregador funcionando como cliente), atende negócios que não estavam tradicionalmente envolvidos em entregas, como farmácias, lojas de conveniência e cafeterias.

No Brasil, esse mercado é atendido prioritariamente pela Rappi, uma empresa colombiana, nascida em 2015. A Rappi tem uma presença marcante em vários países da América Latina.

James

Originário de Curitiba, o James nasceu em 2016 e cresceu mais de 800% durante o ano seguinte (PEGN, 2018). A ideia de criar um serviço de *delivery* capaz de entregar qualquer produto, para além dos *deliveries* tradicionais de comidas e remédios, foi a fagulha inicial do serviço.

O serviço, que cresceu em Curitiba entregando comida, remédios e muitas outras categorias de produtos (fraldas e pregos, por exemplo), trabalha com entregadores de bicicleta, motos e automóveis.

O negócio foi adquirido em 2018 pelo Grupo Pão de Açúcar, que vem levando a plataforma para outras cidades por todo o Brasil.

Bee Delivery

O Bee Delivery é uma *startup* brasileira nativa de Mossoró, no interior do Rio Grande do Norte. A empresa foi fundada em 2018 e, hoje, já atua em 24 estados brasileiros e em mais de 70 cidades. Atualmente, colabora com o iFood, e os dois serviços trabalham com aplicativos totalmente integrados.

7.3 Mídias sociais

O poder da internet de conectar pessoas entre si mostrou-se óbvio desde o início da história da rede. Muitos serviços *on-line* iniciais revolviam em torno de *chats*, fóruns e quadros de aviso ou classificados.

Esses tipos de *site* foram, aos poucos, evoluindo para sua forma mais recente, em que usuários têm páginas próprias e vão se conectando entre si para trocar conteúdos e conversar diretamente.

Essa fórmula é adaptada e customizada para diferentes aplicações (relações comerciais ou pessoais, por exemplo) e mídias (fotos, vídeos etc.), mas constitui a estrutura básica da maior parte desses negócios.

As redes sociais figuram como negócios colaborativos, especialmente porque seu produto é sua capacidade de agregar, conectar e reunir pessoas. Seu valor está ligado inexoravelmente à sua base de usuários e à facilitação das relações entre eles.

Como são, essencialmente, mídias, a imensa maior parte desses *players* se remunera por meio da publicidade, mas algumas também funcionam como serviços de assinatura ou oferecem formas de ligar empresas aos seus usuários.

YouTube

O YouTube é um dos mais importantes exemplos desse tipo de plataforma como negócio colaborativo, pois é a maior empresa do setor que atua com um modelo de negócios de distribuição da renda gerada pela publicidade no *site*. Os *youtubers* são diretamente remunerados pelo *site*, o que não acontece em outras redes, como o Instagram, por exemplo. E é essa diferença que alimenta um ecossistema de negócios promissor e lucrativo.

A origem do YouTube remonta a 2005, quando o *site* foi criado como uma plataforma na qual usuários poderiam compartilhar pequenos vídeos. A tecnologia da plataforma foi inicialmente desenvolvida para um serviço de encontros, em que os pretendentes poderiam apresentar-se com pequenos vídeos; porém, a ferramenta sempre teve o viés genérico que conhecemos.

Em 2006, a empresa foi comprada pelo Google pela soma absolutamente relevante de U$ 1,65 bilhão. O investimento do Google foi aos poucos ampliando o escopo e o impacto do *site*, que sempre teve um alto custo de manutenção, em especial com servidores e banda, tanto para armazenar como para transmitir os vídeos.

Em 2008, o YouTube começou o modelo em que remunera diretamente os criadores de conteúdo com parte da receita gerada por publicidade. Essa mudança trouxe um protagonismo permanente para o algoritmo da plataforma, e até hoje a relação dos produtores com essa ferramenta do *site* é fundamental.

Além do funcionamento inicial da plataforma, hoje ela conta com vídeos ao vivo e outras fontes de receita além da propaganda, a exemplo dos serviços de assinatura, como o YouTube Music e o YouTube Premium.

O tamanho da biblioteca de vídeos do *site* e o número de horas de conteúdo servidas a seus usuários são impressionantes por si sós e permanecem crescendo. Em 2019, cerca de 500 horas de conteúdo foram subidas no *site* por minuto, e a empresa acumulou uma receita de mais de U$ 15 bilhões.

Facebook

O Facebook foi fundado em 2004 e, certamente, hoje é uma das maiores empresas de tecnologia do planeta, em receita, em número de usuários e em repercussão. Criado como um serviço para reunir informações e fotos de todos os alunos da Universidade de Harvard, acabou se tornando a mais relevante rede social da maior parte dos países do mundo.

A história da criação do Facebook é tão icônica que até mesmo virou um filme, intitulado *A rede social*, que retrata, entre outras anedotas, como a empresa resistiu e esperou o momento certo para iniciar sua monetização, por meio de propagandas.

Em todo caso, a organização cresceu muito e se expandiu, comprando outras redes sociais, como o Instagram e o WhatsApp. A rede ultrapassou a expressiva marca de mais de 2,5 bilhões de usuários e mais de U$ 70 bilhões de receita em 2019.

Instagram

Mesmo com a existência de gigantes da indústria, como o Facebook, que já estava bem estabelecido, o Instagram surgiu em 2010 com a proposta de permitir que fotos batidas em *smartphones* fossem facilmente subidas e compartilhadas na internet. O modelo do negócio sempre esteve ligado a um aplicativo (a princípio, apenas disponível para iOS).

A ideia deu certo e cresceu rápido, o que culminou com a popularização da rede nos aparelhos de celular de muitos públicos pelo mundo. Em 2012, a plataforma foi comprada pelo Facebook por U$ 1 bilhão.

O Instagram é conhecido não só pela conexão entre amigos próximos e colegas, mas também por ser um trampolim para *influencers*, usuários que agregam muitos seguidores e se tornam famosos. É comum que *influencers* consigam contratos de publicidade e recebam produtos para avaliarem.

Twitter

O Twitter surgiu em 2006 e também estava ligado à lógica de conectar a internet ao uso de celulares mesmo antes da popularização dos *smartphones*. A ideia inicial era permitir que pessoas publicassem pequenos textos na internet por SMS, um conceito que a empresa apelidou de *microblogging*.

A plataforma cresceu e se expandiu com os anos, mas permanece sendo uma rede social mais "nichificada", usada por jornalistas e outros profissionais relacionados à escrita. Porém, a pujança do Twitter nos quesitos de distribuição de informação e criação de uma comunidade engajada é indiscutível.

Além da dificuldade de crescer e ultrapassar um platô de 300 milhões de usuários, a organização também encontra problemas para encontrar um modelo de monetização adequado à cultura dos utilizadores do *site*. Os *tweets* são tipicamente muito curtos para anunciantes e muito mais difíceis de dirigir ao público correto.

A empresa tentou replicar o sucesso da plataforma para outras mídias. O Vine, que acabou abandonado por conta dos custos de servidor, era uma tentativa de criar uma rede de microvídeos. De todo modo, a rede é uma realidade da internet global, com mais de U$ 3 bilhões em receita.

WhatsApp

Outra empresa que surgiu para ser um aplicativo de *smartphone* é o WhatsApp, uma plataforma gratuita e agnóstica de sistema, de mensagens de texto e voz por internet. A plataforma permite que qualquer usuário, independentemente de seu sistema operacional, converse com todos os seus contatos sem pagar por ligações ou mensagens de SMS.

Lançado em 2009, o produto se tornou bastante presente em muitos mercados, em especial por representar uma opção muito mais barata de comunicação, principalmente em mercados emergentes ou com pouca infraestrutura das redes de telefonia móvel tradicional.

A empresa foi comprada pelo Facebook em 2014 por impressionantes U$ 19 bilhões.

Telegram

O Telegram foi fundado em 2013, na Rússia, mas pouco tempo depois transferiu suas operações para a Alemanha. O serviço da empresa é bastante próximo do disponibilizado pelo WhatsApp, lidando com mensagens de texto, voz e/ou vídeo por meio da internet.

Inicialmente, a grande diferenciação do modelo era incluir tecnologias mais robustas de criptografia, na esperança de oferecer mais privacidade e segurança a seus usuários. Contudo, o WhatsApp acabou criando sua própria solução criptográfica, e os dois aplicativos têm mais ou menos as mesmas funcionalidades desde então.

A empresa já se pronunciou oficialmente como uma organização sem fins lucrativos, mas fiscalmente não é registrada dessa forma. O Telegram tem mais de 400 milhões de usuários pelo mundo.

LinkedIn

O LinkedIn pode ser considerado como mais uma prova de que é possível competir com gigantes como o Facebook mediante o foco em um nicho específico. Trata-se de uma rede social especializada em conectar pessoas em um nível mas profissional do que pessoal.

A empresa foi fundada em 2010, no Vale do Silício, nos EUA, e rapidamente acumulou diversos aportes de capital. Consolidou-se como a maior ferramenta de seu mercado, com uma série de aquisições e investimentos nos anos seguintes.

O LinkedIn também se remunera por publicidade, mas uma parte relevante de sua renda é oriunda de seus serviços para contratações, por meio dos quais as empresas pagam por acessos a perfis e formas de contato com profissionais na plataforma. A rede conta hoje com mais de 700 milhões de usuários e faz parte do dia a dia de uma série de profissionais de todas as áreas.

Snapchat

O Snapchat foi lançado em 2011 como uma forma de permitir que os usuários compartilhassem pequenas mensagens multimídia, especialmente vídeos curtos, de forma pública ou privada. Os *posts*, ao contrário de outras redes sociais, só permaneciam disponíveis por um período curto de tempo.

A ferramenta se popularizou rapidamente entre jovens e, por volta de 2016, a plataforma já batia mais de 10 bilhões de visualizações diárias (Demartini, 2016).

O Snapchat é um dos protagonistas de um caso que gerou consequências econômicas e legais para o Facebook, que, em novembro de 2013, tentou comprar o Snapchat por U$ 3 bilhões, mas teve a oferta recusada pela empresa.

Nos meses subsequentes, o Facebook foi adicionando funcionalidades ao Instagram (como o *direct* e o *slingshot*) que emulavam o funcionamento principal do Snapchat. Em 2016, o Instagram passou a contar com *stories*, publicações curtas disponíveis por um período curto de tempo – uma possibilidade que parte da indústria especializada chegou a chamar de clone do Snapchat. As duas empresas também disputam o mercado dos "filtros", uma funcionalidade que une realidade aumentada à câmera do celular para gerar imagens divertidas.

Em termos judiciais, é impossível registrar a funcionalidade de um *software* – apenas seu código pode ser registrado. Essa questão torna esse tipo de "cópia" difícil de julgar e condenar. No entanto, o uso de um aplicativo já estabelecido para evitar a concorrência de novos entrantes gerou discussões sobre monopólio e foi alvo de investigações nos EUA.

Em todo caso, mesmo sendo "vítima" dessa forma de conexão, o Snapchat permanece relevante no mercado.

TikTok

O TikTok é uma rede social da ByteDance, uma empresa chinesa de mídia e tecnologia avaliada em mais de U$ 100 bilhões. A rede foi lançada em 2013, popularizou-se rapidamente no mercado chinês e vem se espalhando pelo resto do mundo.

O TikTok também trabalha com vídeos breves que ficam publicados por um período curto de tempo. Seus principais diferenciais são seu algoritmo e uma experiência de navegação menos focada em seguir pessoas específicas e entrar em contato com amigos e mais concentrada em servir vídeos semelhantes aos que o usuário gosta. Trata-se de uma rede social moderna que se pode usar mesmo antes de criar uma conta.

A empresa já tem mais de 1 bilhão de usuários cadastrados e é bastante popular nos mercados chinês, indiano e americano.

WeChat

O WeChat é o maior exemplo de *superapp* chinês, acumulando funcionalidades que no Ocidente estão distribuídas entre diversas empresas, como WhatsApp, Facebook e iFood. O *app* é a maior rede social, o maior aplicativo de mensagens e o mais relevante aplicativo de pedidos e pagamentos da China.

Essa ferramenta é uma parte tão integral da vida na China que não soa surpreendente que seja usada pelo governo como um mecanismo de vigilância da população. Além disso, o WeChat é acusado de estar envolvido em diversos casos de censura, tanto do conteúdo pesquisado quanto do publicado pela plataforma.

Esses casos, bem como o tamanho da plataforma (mais de 1 bilhão de usuários ativos mensais), ocasionaram o banimento da empresa dos mercados norte-americano e indiano.

Skoob

Criada em 2009, o Skoob é uma rede social brasileira que gira em torno de livros e literatura (o nome da empresa é a palavra *books*, em inglês, só que invertida). A ideia é que os usuários montem estantes virtuais, cadastrando o que estão lendo, já leram, pretendem ler etc. Eles também podem resenhar os livros e encontrar pessoas com gostos semelhantes.

A empresa se remunera por meio de propaganda (especialmente para editoras), mas também trabalha com o conceito de caixas de livros por assinatura. Infelizmente, não existem na internet dados sobre o número de usuários dessa rede.

Twitch

O Twitch surgiu em 2007 como um serviço de *streaming* de vídeos ao vivo. O *site* original contava com diversas categorias, desde gastronomia até jardinagem, mas rapidamente o uso para a transmissão de jogos cresceu e eclipsou todo o resto. Dessa forma, em 2011, essa utilização se tornou a mais relevante para a empresa, que passou a marcar presença significativa nesse mercado.

Em 2014, o serviço foi adquirido pela Amazon e, desde então, não para de crescer. Os usuários compartilham suas telas para transmitirem a si mesmos jogando – uma espécie de entretenimento chamado de *gameplay*. A plataforma é central para competições, *e-sports* e outros aspectos relacionados à cultura *gamer*.

A organização se remunera tanto por propaganda quanto por um modelo de venda de créditos para usuários. Tais créditos podem ser usados durante as transmissões para aparecer em evidência no *chat* e, também, para serem doados aos produtores de conteúdo.

Em 2018, a empresa mediava mais de 2 milhões de transmissões mensais, contando com cerca de 15 milhões de usuários diários.

Mario Maker

O Mario Maker é um jogo da Nintendo que permite aos usuários criar, compartilhar e jogar uma miríade de fases da tradicional franquia de jogos de plataforma. Foi originalmente lançado para Wii U em 2015, um console que não decolou nas vendas. Porém, sua mais nova versão, disponível para Nintendo Switch (um sucesso bem maior) a partir de 2019, é um dos grandes títulos exclusivos do aparelho.

O produto completou pouco mais de um ano com a ótima marca de quase 6 milhões de cópias vendidas, além de contar com uma comunidade ativa no YouTube, no Twitch e em diversas outras redes sociais.

Reddit

O Reddit é um dos herdeiros das funcionalidades de conexão mais antigas da *web*: os fóruns de discussão. A plataforma organiza "quadros de avisos" e discussões sobre qualquer assunto e é frequentemente listada como um dos lugares da internet em que os memes se originam, por exemplo.

O *site* existe desde 2005 e, em 2018, tinha mais de 330 milhões de usuários e mais de 138 mil comunidades ativas de discussão.

7.4 Relacionamentos

A conexão é um dos valores mais inexoráveis do ser humano, e sempre existiram muitas oportunidades de fomentar encontros. Já faz algumas décadas que as revoluções sociais e tecnológicas da informática e das comunicações possibilitaram a criação de muitos negócios que geram valor facilitando o relacionamento entre as pessoas.

Enquanto as mídias sociais se concentram em reunir pessoas que se conhecem na vida real ou alimentar relacionamentos parassociais entre *influencers* e consumidores, outra faceta da indústria gera seu valor catalisando o encontro de dois desconhecidos.

Por vezes trabalhando com algoritmos, outras vezes visando alavancar um grande número de perfis registrados, os aplicativos de encontro são uma realidade no celular de 60% dos brasileiros (No Brasil..., 2018).

Tinder

Oriundo de uma incubadora californiana, o Tinder teve seu primeiro lançamento em *campi* de faculdades americanas em 2012 e, desde então, expandiu seu alcance para um nível global. A interface do Tinder consiste em uma série de perfis em sucessão sendo apresentados para o usuário, que decide examiná-los ou não conforme seu interesse. Quando o interesse mútuo é estabelecido pela plataforma, as duas pessoas podem iniciar uma conversa.

Como o aplicativo sempre restringiu a apresentação de pessoas a um filtro geográfico, o serviço se espalhou por diversas regiões, mesmo antes de ter atuações próprias em cada mercado.

O Tinder se remunera por meio de propaganda e também pelo sistema de *freemium*, em que o usuário tem uma versão grátis do serviço, mas pode pagar para desbloquear mais funcionalidades. Atualmente, trata-se do *app* com maior receita direta vindo das lojas virtuais das plataformas móveis (especialmente iOS e Android), desbancando a antiga campeã, a Netflix.

A empresa hoje é da norte-americana Match Group, que opera outros serviços semelhantes, mas mais "nichificados". Existem *apps* para evangélicos, pais solteiros, pessoas com mais de 50 anos etc. Outra iniciativa mais seletiva é o Tinder Select, que está disponível apenas para celebridades, famosos e pessoas muito ricas.

OkCupid

Também parte do Match Group, o OkCupid tem uma história diferente. Suas origens remontam a 2007, quando o *site* surgiu para cruzar resultados de testes de compatibilidade (na maioria, *quizzes* ou testes de perfil psicológico) e permitir que pessoas encontrassem outras com perfis mais compatíveis.

Atualmente, o sistema é uma forma menos centrada na aparência física de *app* de encontro, uma vez que conta com perfis com muito mais informações e mantém um algoritmo de compatibilidade, ainda que sua navegação hoje mimetize a do Tinder. Em 2010, a empresa atingiu a marca de 3,5 milhões de usuários ativos.

Happn

O Happn é uma criação francesa de 2014. A empresa atua com um modelo diferenciado que apenas serve perfis aos usuários com base na localização geográfica mútua. O Happn lista pessoas que se encontraram em um lugar físico, andando na mesma rua, visitando a mesma loja ou, até mesmo, dividindo um vagão de metrô. A empresa cresceu rapidamente, atingindo 40 mil usuários diários já em 2014.

7.5 *Crowdfunding* (financiamento coletivo)

O *crowdfunding* é uma das vertentes mais disruptoras da economia colaborativa, especialmente porque, em sua aplicação, gera oportunidades de remuneração que não seriam possíveis de outras formas.

Em seu cerne, o *crowdfunding* consite em um tipo de negócio que conecta projetos a pessoas dispostas a ajudar em sua realização por meio de um modelo de microcontribuições. Em nível macro, tais contribuições são agregadas, algumas vezes atingindo cifras financeiras bastante relevantes.

De modo geral, existem, basicamente, dois grandes modelos de *crowdfunding* em ativa. A primeira se concentra em financiar um projeto específico e pontual, geralmente conectado ao recebimento de algum produto. Pessoas podem, no Kickstarter ou no Catarse, por exemplo, financiar em conjunto a produção de um modelo específico de relógio para receberem uma unidade do produto.

Nessa modalidade, é comum que exista um valor mínimo a ser obtido. A incapacidade de obter esse valor mínimo desobriga os financiadores de pagar qualquer coisa. Ao mesmo tempo, também é bastante usual a concessão de benefícios para os apoiadores caso o valor arrecadado ultrapasse o mínimo necessário. Tomando-se um relógio como exemplo, um montante maior de dinheiro levantado poderia desbloquear novos modelos de pulseira.

Outra modalidade, normalmente ligada a produtores de conteúdo e operada por *sites* como o Patreon e o Padrim, gira em torno de assinaturas e pagamentos recorrentes com o intuito de permitir que o recipiente possa manter o foco no conteúdo que gera, por conta da remuneração. Também é comum nesse modelo que os criadores contemplados gerem conteúdos exclusivos para seus apoiadores.

Em todo caso, o *crowdfunding* é um exemplo clássico de negócio colaborativo. Ele conecta pessoas e angaria recursos que de outra forma seriam complicados de organizar e reunir, além de gerar valor mediante esse serviço. Tais plataformas frequentemente cobram uma parcela da quantia levantada por iniciativas completadas.

Kickstarter

O Kickstarter é, sem dúvida alguma, a maior plataforma de *crowdfunding* do mundo, tendo financiado mais de 180 mil projetos e feito mais de U$ 5 bilhões até o momento. O *site* foi lançado em 2009 e rapidamente ganhou relevância nos EUA.

A plataforma atua em diversas categorias, desde as mais artísticas, como quadrinhos ou livros, até as mais relacionadas ao *design* de produtos, como carteiras e peças de roupa, passando por projetos musicais, filmes e jogos.

A campanha de maior sucesso do Kickstarter foi a do *smartwatch* (relógio inteligente) Pebble Time. A ação, proposta por uma pequena empresa de desenvolvimento em 2015, arrecadou mais de U$ 20 milhões, 4.000% a mais do que o mínimo sugerido.

Como envolve transferências financeiras de várias partes, a expansão internacional do Kickstarter é mais lenta do que de muitos outros negócios correlatos. Ele precisa, por exemplo, exigir uma conta de banco de países específicos onde atua para qualquer um que queira levantar uma campanha de financiamento. Mesmo assim, a empresa tem presenças importantes em toda a

América do Norte, bem como em vários países da Europa, além de Austrália, Japão e Hong Kong.

Catarse

O Catarse é a versão brasileira de uma plataforma de financiamento coletivo genérica. A empresa é a pioneira do modelo no Brasil, tendo iniciado suas operações em 2011. Desde então, já facilitou o financiamento de mais de 1.700 projetos, movimentando algo como R$ 30 milhões, para negócios de diversas categorias e setores.

A campanha de maior sucesso no Catarse foi a edição comemorativa de 20 anos do cenário de RPG de mesa nacional Tormenta, conhecido como Tormenta 20, anunciado como a maior celebração da história do RPG nacional. A ação arregimentou quase R$ 2 milhões, com mais de 5 mil apoiadores (Machado, 2019).

Em 2017, a empresa entrou também no mercado dos microfinanciamentos recorrentes, com o Catarse Assinaturas.

Patreon

O Patreon iniciou suas atividades em 2013 e, desde sua fundação, esteve ligado ao ecossistema de criadores do YouTube. A ideia era construir uma plataforma de assinaturas na qual os criadores do *site* pudessem complementar suas rendas para além dos algoritmos de propaganda dos vídeos.

Os apoiadores no Patreon pagam pequenas somas por mês ou por projetos específicos para seus produtores de conteúdo preferidos. O dinheiro existe para que o receptor possa se concentrar em suas criações, o que frequentemente significa abandonar um emprego fixo, por exemplo.

A patronagem reflete práticas de outros momentos históricos, mas os pequenos valores individuais permitem que muito mais pessoas participem da experiência. É comum que os participantes ganhem acesso a conteúdos exclusivos, vídeos, *podcasts*, entrevistas etc.

Em 2017, o Patreon contava com mais de 50 mil criadores e mais de 1 milhão de apoiadores mensais e atingiu a marca de mais de U$ 150 milhões movimentados anualmente.

Padrim

O Padrim é o maior *player* nacional dos financiamentos coletivos recorrentes. A empresa atua no país desde 2018 e é uma opção para todos os conteudistas nacionais, especialmente *youtubers*. A organização também oferece um modelo de colaboração a partir de R$ 1 por mês, que pode ser dividido entre vários criadores.

Queremos!

O Queremos! é uma plataforma de financiamento coletivo que se concentra em reunir fãs e bandas em eventos ao vivo. A empresa atua desde 2010 e é responsável por uma série de *shows* por todo o Brasil e também em outros países da América Latina desde então.

Um dos maiores ativos da empresa é a capacidade de marcar eventos no Circo Voador, uma casa de *shows* no Rio de Janeiro que é histórica para a música nacional, conhecida e cobiçada por artistas de todo o planeta.

O modelo do Queremos! começa pelos fãs. Todos podem listar bandas que gostariam que tocassem em sua cidade, e campanhas que ganhem atração são ativadas para que a empresa contate agentes de bandas e tente coordenar apresentações. A partir desse momento, a campanha entra em uma segunda fase, em que apoiadores compram ingressos com um desconto. Por fim, depois que o mínimo necessário de ingressos tenha sido vendido, o *show* é confirmado.

O setor funciona melhor nas mãos de um *player* específico, pois tem várias peculiaridades, especialmente em relação ao agenciamento, à produção e à escolha de locais e datas.

7.5.1 Outros modelos (microempréstimos e criptomoedas)

Para além dos modelos já completamente estabelecidos, existem outras formas de *crowdsourcing* que se encontram em diferentes estágios de popularização e experimentação. Há iniciativas em diversos mercados em todo o mundo as quais procuram estabelecer modelos de negócio que incluam outras lógicas de benefícios.

Levantar grandes quantias de dinheiro via microparticipações já é um modelo comprovado, mas a imensa maioria dessas campanhas está ligada a algum benefício específico – normalmente, um produto ou o acesso a um conteúdo exclusivo.

Ao mesmo tempo, existem propostas voltadas à intenção de usar esse fomento para obter retorno financeiro direto. Seja por meio de fundos de empréstimo, que contornariam a lógica das bolsas de valores e dos mercados de ação contemporâneos, seja por meio de pequenos empréstimos entre pessoas físicas, a ideia de juntar recursos financeiros de vários usuários para lidar com outras formas de risco e retorno não parece ainda corresponder a um modelo funcional, mas é constantemente sugerida como oportunidade para o futuro.

Da mesma forma, existem iniciativas tentando alavancar o poder do *crowdfunding* para o terceiro setor, mediante a construção de plataformas de doação tanto para organizações não governamentais (ONGs) já estabelecidas quanto para outros projetos iniciantes.

7.6 Consumo

Embora os negócios colaborativos tenham exemplos gigantes em muitas outras áreas, como o financiamento coletivo ou a mobilidade urbana, seu alcance também é sentido em setores da economia mais tradicionais, ainda que em uma escala muito menor.

Pelo Brasil e pelo mundo, novos modelos colaborativos estão em ascensão, seja tentando revitalizar mercados em turbulência (como o varejo de rua), seja construindo experiências novas de compras, mais engajadas e participativas.

O consumo, mais especificamente o comportamento do consumidor, é uma das variáveis mais importantes da administração e está sempre mudando, o que exige a adaptação das ofertas aos hábitos e às rotinas mais atuais.

As empresas listadas a seguir estão gerando propostas de valor que continuam girando em torno de produtos e experiências tradicionais de lazer, mas que incorporam elementos da colaboração para reestruturar cadeias produtivas, meios de acesso e práticas comuns.

Threadless

Para todos os efeitos, o negócio da empresa americana Threadless não poderia ser mais tradicional. A empresa estampa e vende roupas e acessórios, camisetas, capas de telefone, bolsas, sapatos etc.

O que a torna especial, e vem impulsionando seu sucesso desde 2000, quando foi fundada, é seu processo de criação, um dos muitos exemplos de como a colaboração cria negócios disruptores. Os *designs* que a empresa produz e vende são frutos de uma comunidade *on-line* em que criadores sugerem estampas e todos podem votar nas melhores, as quais acabam sendo postas à venda.

Qualquer um pode subir *designs* para o *site* e, igualmente, votar nos *designs* de todos. Essa competição perene é uma ótima forma de trazer opções e criadores para o projeto; a votação também engaja consumidores, uma vez que eles terminam sendo parte do processo de deliberação do que é ou não produzido.

As estampas mais votadas são compradas pela empresa, que remunera o criador. Os votantes tendem a ser parte do público comprador, o que tem um efeito de diminuição do risco de produzir cada camiseta.

Embora tenha começado produzindo apenas um modelo de camiseta, em cores limitadas, a Threadless expandiu sua cartela rapidamente e, hoje, estampa e comercializa uma gama variadíssima de produtos. O tamanho da empresa também abriu espaço para o licenciamneto de marcas e propriedades intelectuais, permitindo que os *designers* criem ideias usando personagens famosos e ícones conhecidos.

A empresa foi tão importante para provar o valor da economia colaborativa que o próprio termo *crowdsourcing* foi forjado para explicar seu método de funcionamento. De qualquer forma, a organização e seu modelo são um exemplo claro da escalabilidade e do impacto que modelos colaborativos podem ter.

House of All

Poucas empresas no mundo exemplificam tão bem a economia colaborativa como a iniciativa brasileira House of All. O negócio consiste em um ponto físico que reúne diversas atuações colaborativas com vistas à obtenção de sinergias de marca e consumo.

Fundada em 2013, na cidade de São Paulo, a empresa opera como uma série de "casinhas" vizinhas, na Vila Madalena, cada uma trabalhando com uma oferta diferente – juntas, elas formam a House of All (a "casa de tudo", em tradução literal).

A House of Work, por exemplo, é um *coworking*. Ela oferece espaço tanto para pequenos empresários e profissionais autônomos como para músicos gravarem em estúdio (House of Music), além de contar com uma sala para eventos *gamers* e treinamento de *e-sports* (House of Game). Também existe a House of Learning, um espaço dedicado a coordenar palestras e reuniões para grandes grupos.

Em outro imóvel, ao lado, a empresa opera o House of Food, um lugar com infraestrutura de bar/restaurante disponível para locação por diária para que *chefs* amadores e entusiastas da gastronomia possam testar produtos e receitas e aprender a administrar esse tipo de negócio.

Por fim, há o espaço House of Bubbles, que inclui uma lavanderia *self-service* (conceito pouco popular no Brasil, mas bastante difundido no exterior), um bar e uma operação de aluguel de roupas e assinatura para compartilhamento de guarda-roupas. O espaço também contém o Bubble Labs, uma pequena infraestrutura para lançamentos de coleções de moda e eventos similares.

A iniciativa está em processo de expansão, tentando replicar a lógica em outras cidades como Rio de Janeiro e Belo Horizonte, e também revela ambições internacionais. Além das receitas operacionais com cada casa, a House of All ainda oferece serviços de consultoria e criação de conteúdos para grandes marcas – a empresa já trabalhou com a Heineken, a Nike e diversas outras organizações.

Endossa

A Endossa é pioneira do mercado de lojas colaborativas, um modelo de negócio criado para mimetizar a lógica de funcionamento de *sites* do setor em um negócio físico e em uma experiência de varejo.

Fundada em 2008, na Rua Augusta, em São Paulo, a loja foi construída, segundo o que se argumenta, pelas ideias de quem vende e pelas decisões de quem compra. Qualquer um pode alugar um espaço na loja, representado por caixas de madeira, de diferentes tamanhos e preços. Cada caixa tem uma meta de vendas, e as marcas que não alcançarem a meta dentro de determinado período de tempo abrem espaço para a próxima tentativa.

O modelo oferece a pequenos fornecedores acesso a pontos físicos que seriam financeiramente proibitivos, mas que funcionam rateados entre todas as marcas. Tais marcas estão sempre envolvidas em uma relação de competição e cooperação, o que estimula a criatividade e mantém os preços sob controle.

Da perspectiva da loja, o *crowdsourcing* (que vai além da oferta dos produtos; cada marca controla seu próprio estoque e suas decisões de precificação) proporciona um negócio que consegue girar estoque na velocidade de uma *fast fashion*, sem nenhuma centralização decisória. Todos os dias chegam novos produtos, e a cada mês entram mais lojas.

A marca vem se expandindo por meio do modelo de franquias e, atualmente, já tem lojas em Belo Horizonte, Brasília e Florianópolis. O conceito de loja colaborativa segue se difundindo pelo Brasil e pelo mundo.

7.6.1 Compartilhamento de *closet*

Um mercado em ascensão, que vem demonstrando potencial tanto na teoria como na prática, mas que ainda não encontrou um *player* com uma solução escalonável e completa, é o de compartilhamento de roupas.

O serviço é frequentemente comparado a opções de *streaming* de músicas e filmes (mas para peças de roupas), em que uma assinatura mensal oferece acesso a uma miríade de peças que podem ser trocadas constantemente pelos usuários.

No Brasil, a maior expoente da indústria é a Blimo, uma "biblioteca de moda" que já conta com armários compartilhados em São Paulo e em Santos. As assinaturas permitem que a pessoa visite o *closet* quando quiser e possa ter em casa algumas peças por vez.

Nos EUA, muitos modelos estão concorrendo pela oportunidade de crescer. A Nuuly, por exemplo, é financiada pela *fast fashion* Urban Outfitters e capitaneia uma tentativa em que as peças são escolhidas *on-line* e entregues e devolvidas por correio.

A tendência se mostra forte, especialmente em face do colapso do varejo de roupas tradicionais e de uma popularização do desejo de diminuir o consumo de supérfluos, sobretudo entre os jovens. Contudo, um modelo que de fato reúna conveniência e preço e que entregue um serviço funcional ainda não se estabilizou.

7.6.2 Jantares para além de restaurantes

Outra tendência em ascensão é a de utilizar *apps* e a economia criativa para favorecer experiências de gastronomia que vão além do restaurante: jantar na casa de outras pessoas, de chefes em treinamento, de amadores ou entusiastas que servem refeições completas para um grupo pequeno de indivíduos.

A ideia é conectar pessoas a ofertas de práticas gastronômicas únicas, geralmente associadas à culinária tradicional e a cozinheiros não profissionais. Outra faceta do aplicativo é conectar estranhos para dividir a mesa, criando novas formas de se relacionar.

O negócio está se espalhando mais fortemente em grandes cidades, em que estão presentes muitas etnias diferentes. O modelo tem até um nome: Eat With Strangers Apps (EWSA) – "*apps* para comer com estranhos", em tradução livre –, mas as condições de serviço ideais para crescer ainda não foram encontradas por nenhuma empresa.

De qualquer forma, organizações como a EatWith, o Feastly e outras vêm tentando se estabelecer nesse mercado.

7.6.3 Serviços para *pets*

Donos de animais de estimação, principalmente em grandes centros urbanos, sabem das dificuldades de manter seus bichinhos saudáveis e ocupados, pois muitos desses donos trabalham fora ou, ainda, viajam com alguma frequência.

Tendo isso em vista, algumas empresas colaborativas tentam resolver esses problemas conectando proprietários de *pets* a prestadores de serviço para eles. Serviços como o DogHero, o DogVacay e o Rover disputam espaço nesse mercado, oferecendo alternativas que podem incluir andar com o animal semanalmente ou encontrar alguém que cuide dele quando o dono está ausente, por exemplo.

7.6.4 Empréstimos de objetos pessoais

Outro mercado com alto potencial (pelo menos teoricamente) é o de empréstimos de objetos pessoais que não são frequentemente usados, como ferramentas, escadas, câmeras fotográficas ou materiais de piscina.

A ideia de se aproveitar a colaboração para resolver tanto a necessidade quanto a ociosidade desse tipo de equipamento é uma decorrência óbvia do estudo da economia do compartilhamento.

O fenômeno anda ganhando tração no mercado chinês, mediante plataformas como Didi Chuxing, Mobik e outras. No Ocidente, principalmente na Europa, a empresa francesa Zilok trabalha para se consolidar nesse mercado.

7.6.5 Avaliações do Google

Tendo a maior parte de sua receita relacionada à publicidade, sempre foi claro para a Google que formas de geolocalizar seu conteúdo seriam importantíssimas para estabelecer fontes de receita viáveis de pequenos negócios.

Nesse sentido, a empresa investiu inicialmente em seu produto Google Maps e executou aquisições de outras plataformas que lidavam com mobilidade e localização, como o Waze. Em 2009, a Google estudou a compra do Yelp, mas um acordo final nunca foi alcançado. Seguindo a via de se envolver mais fortemente com esse filão do mercado, a organização foi, aos poucos, integrando funcionalidades de avaliação em suas plataformas localizadas.

Atualmente, as avaliações do Google são uma parte integrante do buscador da plataforma. A empresa usa suas posições importantes nos celulares da maior parte dos consumidores para rastrear o comportamento de muitas pessoas. A plataforma de avaliações do Google é relevante em todo o mundo e informa decisões de lazer, alimentação e consumo de milhares de pessoas todos os dias.

7.7 Marketplaces

Em essência, os *marketplaces* digitais são empresas mediadoras nas quais diversos fornecedores se inscrevem para vender seus serviços e produtos. Por essa definição, o conceito poderia ser aplicado a vários tipos de negócios colaborativos: o Uber seria um *marketplace* de motoristas, e o YouTube, de criadores de conteúdo.

Entretanto, em português, a palavra está mais fortemente associada a *sites* de *e-commerce*, capazes de agregar toda uma sorte de vendedores com diferentes ofertas, alcances e tamanhos. Tanto para empresas especializadas em alguma categoria de produto como para revendedores genéricos, as vantagens de integrar um *marketplace* ecoam as grandes forças da colaboração: a união de forças e a distribuição de trabalho para gerar melhores experiências e maior valor.

Os *marketplaces* oferecem produtos de uma vasta gama de produtores e frequentemente terceirizam os processos logísticos de entrega para cada anunciante. Essa reunião de ofertas sob uma única bandeira também acarreta uma enorme economia com publicidade.

Nesse modelo, os *players* oferecem frentes virtuais de venda e são remunerados por parcelas das vendas e/ou taxas físicas. Outra fonte comum de receitas é a cobrança por ordem de aparição em buscas, anúncios e listagens nas páginas principais.

eBay

O eBay é não apenas um pioneiro do modelo de *marketplace* como um dos primeiros negócios colaborativos em geral. Embora tenha surgido especificamente para trabalhar com leilões e colecionadores, a plataforma evoluiu para englobar vendas por preços fixos e figurar como um dos maiores e mais rentáveis *marketplaces* da atualidade.

A empresa surgiu em 1995 e, em 2018, teve um faturamento superior a U$ 10 bilhões. Hoje, atua também em alguns outros setores, como a venda de *tickets* para *shows* (pelo *site* StubHub) e, ainda, de anúncios pessoais, chamados de *classificados* (por meio da plataforma Kijiji). A empresa foi dona do PayPal (um serviço de pagamentos *on-line*) entre 2012 e 2015, mas atualmente essa subsidiária voltou a ser independente; entre 2005 e 2011, foi dona do Skype, que hoje pertence à Microsoft.

Amazon

A Amazon é a maior gigante de vendas *on-line* e, também, é dona de uma série de subsidiárias que atuam em muitos setores produtivos, especialmente com foco em tecnologia e inovação. A empresa é uma das maiores titãs do Vale do Silício, e sua receita anual ultrapassa a marca dos U$ 250 bilhões.

Fundado em 1994 pelo programador Jeff Bezos, o *site* surgiu inicialmente para vender livros. O modelo de *marketplace*, em que editoras podiam vender seus produtos, existia desde o início, ainda que as revendas de livros comprados fossem, inicialmente, mais importantes. Na tentativa de alavancar os lucros e aproveitar-se das infraestruturas do *site*, as categorias de produto foram sendo gradualmente expandidas. Em 1998, a Amazon começou a comercializar álbuns musicais, filmes e *videogames* e, nos anos seguintes, brinquedos, vestuário, cosméticos e muitos outros itens foram gradualmente integrando as ofertas. Em 2015, a empresa se tornou a mais valiosa varejista do mundo, ultrapassando a concorrente física Walmart.

O sucesso da Amazon sempre teve raízes tecnológicas. A organização foi uma das primeiras a criar sistemas inteligentes de resenhas e recomendações. Sua funcionalidade de sugestões, conhecida como "Pessoas que compraram este produto também compraram", é hoje mimetizada por toda a indústria.

A Amazon também é dona de subsidiárias de manufatura, produzindo o *e-reader* Kindle e outros eletroeletrônicos sob a marca Fire. A empresa também é uma forte concorrente no mercado dos assistentes digitais, com a linha de produtos da Alexa, e até de um serviço de *streaming*, o Amazon Prime.

Recentemente, tem se mostrado interessada em aumentar sua participação no varejo tradicional para além do *on-line*. Em 2019, a empresa foi a que mais investiu em metragem de lojas no planeta, tanto por meio da aquisição de companhias do setor (a rede de supermercados Whole Foods, por exemplo) quanto por meio da compra e do aluguel de imóveis comerciais.

Atualmente, ela aposta em um modelo de livrarias físicas como *showroom*, em um projeto-piloto de lojas de conveniência e, o mais interessante, em um modelo chamado de Amazon 4-stars. Nessas lojas, são ofertados apenas os produtos que mais vendem e os mais bem avaliados pelo *site* no mesmo CEP em que a loja está. O modelo trabalha com o algoritmo das vendas *on-line* para promover uma experiência singular de consumo físico.

Mercado Livre

O Mercado Livre é a subsidiária brasileira da empresa argentina MercadoLibre. Fundada em 1999 por um estudante portenho da universidade norte-americana de Stanford, a organização atua fortemente no mercado latino-americano e está presente em 18 países do bloco.

Entre 2001 e 2016, o ebay teve uma participação flutuante na empresa, sendo dono de, em média, quase 20% das ações da companhia. Ainda hoje, as duas empresas colaboram, mas o ebay não participa ativamente dos mercados em que a organização atua.

Em 2016, o Mercado Livre reportou uma receita de mais de U$ 800 milhões, e seus maiores mercados seguem sendo a Argentina, o Brasil e o México.

B2W (Submarino e Americanas)

No Brasil, o comércio eletrônico Submarino, fundado em 1999, é um dos pioneiros. A empresa iniciou suas operações com a compra de uma livraria virtual conhecida como Booknet e, a partir daí, passou a expandir seu catálogo de categorias e ofertas.

A Americanas.com, por outro lado, iniciou suas investidas no *e-commerce* em 1999, com o propósito de movimentar o estoque das lojas físicas da rede. A empresa sempre foi uma organização independente, mas capitalizou com o nome da rede de lojas físicas e os produtos que os consumidores associavam a ela.

Em 2006, ambas as empresas anunciaram sua fusão, criando o grupo de varejo eletrônico B2W, o maior do setor no Brasil, com uma receita de mais de R$ 15 bilhões em 2018. Após a fusão, as duas marcas foram mantidas, cada uma com sua seleção de produtos próprios e iniciativas de *marketplace*.

Magalu

As lojas do Magazine Luiza são importantes pontos de venda para eletrodomésticos e móveis por todo o Brasil. As iniciativas de *e-commerce* da empresa remontam a 2001, com a presença na empresa na internet, atualmente por meio do endereço Magalu.com.br. Iniciou suas operações de *marketplace* em 2016 e, hoje, já conta com mais de 500 mil itens sendo vendidos por seus canais *on-line*.

Alibaba

Sediado na China, o Grupo Alibaba é um gigante mundial do *e-commerce*, sendo mais conhecido como uma forma de ligar produtores chineses a mercados ocidentais, tanto no nível B2B quanto no mercado de varejo de consumo.

Fundada em 1999, a empresa é a terceira marca chinesa mais relevante no Ocidente e tem um portfólio de mais de 1 bilhão de produtos, obtendo uma receita superior a U$ 4 bilhões em 2012.

Etsy

A Etsy é uma empresa norte-americana fundada em 2005 que representa um exemplo de como a especialização pode ser uma estratégia viável mesmo em negócios tão abstratos como um *marketplace*. A empresa se especializa em produtos feitos à mão e no comércio de acessórios *vintage*, concentrando-se em pequenos produtores com estoques reduzidos e ofertas exclusivas.

A receita da empresa alcançou os U$ 600 milhões em 2018, com uma oferta de mais de 60 milhões de itens, muitos dos quais são únicos.

Enjoei

A empresa Enjoei é um ótimo exemplo brasileiro de *marketplace* focado em um nicho. Nascido em 2009 como um *blog* que vendia roupas usadas do casal fundador e de amigos, o *site* evoluiu para se tornar a maior plataforma nacional de venda de vestuário *second hand*.

O Enjoei capitaliza com o modelo de vender peças que sobram nos guarda-roupas, convidando webcelebridades, *influencers* e até membros da família real brasileira. A empresa tem mais de 7 milhões de produtos cadastrados e uma receita anual próxima de R$ 200 milhões.

QuintoAndar

A empresa QuintoAndar é, em essência, um *marketplace* voltado para o aluguel de imóveis. Seu modelo de negócios é completamente baseado na economia multilateral. A plataforma não reúne apenas locatários e proprietários, mas também corretores de imóveis e até fotógrafos.

Qualquer um pode anunciar um imóvel no *site*. O QuintoAndar envia um fotógrafo profissional para auxiliar na criação dos anúncios, e as visitas são feitas com corretores cadastrados. A empresa medeia tanto o processo de locação como a operação de faturamento dos aluguéis, cobrando uma porcentagem das transações em negócios fechados. A companhia também conta com um aspecto financeiro, pois organiza seguros e garante o aluguel do proprietário mesmo em caso de atrasos ou inadimplência.

O QuintoAndar foi fundado em 2013 e continua crescendo e se expandindo por todo o Brasil.

7.8 Viagens e turismo

O turismo é um dos setores econômicos mais relevantes da economia global. No Brasil, já corresponde a 8,1% do PIB (Vieira, 2019) e, sendo calcado em serviços e experiências, é citado como um dos ramos que podem continuar crescendo indefinidamente mesmo em meio a ondas de automação e outras disrupções tecnológicas.

Tanto as viagens de negócios quanto as de lazer são uma fonte de renda para diversas indústrias, desde a acomodação até os serviços de deslocamento. Além disso, em cidades com alta vocação turística, os viajantes temporários completam as receitas de restaurantes e casas de espetáculo e do varejo em geral.

Negócios colaborativos nesse setor existem para organizar recursos e prover oportunidades para turistas.

Airbnb

O Airbnb surgiu em 2008, no Vale do Silício, como uma *startup*. A missão da empresa sempre foi conectar turistas a opções de acomodação que não estariam disponíveis de outra forma, ao mesmo tempo que empodera pessoas com espaços vagos ao viabilizar uma maneira de monetizar seus ativos.

O nome da empresa remete ao conceito de *bed and breakfast* (BNB), uma forma de hotel um pouco mais familiar, próximo à ideia de pousada no Brasil. O elemento *air* no nome faz referência à agregação tecnológica de vários espaços, aludindo, de forma tangencial, ao conceito de nuvem na computação. O *air* também está conectado à história da empresa, que teria sido fundada para coordenar leitos improvisados, como colchões de ar.

O Airbnb é, hoje, um gigante do setor, obtendo uma receita de mais de U$ 2,5 bilhões em 2017 e quase U$ 100 milhões de lucro. A empresa atua em todo o planeta e conta com escritórios próprios em mais de 20 países, especialmente para lidar com questões fiscais e outras legislações.

Além de permitir o aluguel de camas e quartos, a organização coordena "experiências", que tipicamente se referem a serviços de guia e à apresentação de pontos turísticos, muitas vezes temáticos.

Couchsurfing

Muito mais ligado à contracultura do que às pressões de mercado, o Couchsurfing surgiu em 2003 como um serviço de acomodação desconectado de remuneração financeira. A empresa criou uma espécie de rede social na qual pessoas que podem receber turistas e viajantes em busca de acomodação e experiências gratuitas (e, muitas vezes, peculiares) se encontram, conversam e firmam acordos.

Originalmente sem fins lucrativos, com o *site* e o *app* construídos pela própria comunidade, pressões competitivas (especialmente do AirbnB) e esforços legislativos acabaram fazendo com que a empresa fosse vendida em 2011, passando a ser uma organização que visa ao lucro. A maior parte de sua receita vem de uma taxa que os usuários podem pagar para se tornarem membros verificados (evitando fraudes, assédios e outros tipos de golpes). A taxa atualmente gira em torno de U$ 60.

Em 2018, a rede atingiu a marca de 15 milhões de usuários, contando com mais de 400 mil anfitriões.

BlaBlaCar

As viagens de longa distância também estão abertas a serem otimizadas e aprimoradas pela colaboração. A empresa BlaBlaCar foi fundada em 2006, na França, e adotou o nome atual durante seu processo de expansão nos anos seguintes.

A visão inicial era exatamente o produto oferecido hoje: uma forma de motoristas dividirem os custos e conseguirem alguma companhia para viagens compridas que teriam de fazer ainda que sozinhos. Quando as caronas incluem trocas monetárias entre os participantes, a empresa cobra uma taxa pela transação.

Buser

A Buser é uma empresa 100% brasileira e demonstra como a junção de modelos colaborativos com as realidades locais nunca para de criar novas oportunidades. A organização trabalha como um intermediário entre um grupo de passageiros dispostos a fazer a mesma rota de viagem de ônibus e empresas de fretamento tradicionais.

A ideia parece ter nascido de uma necessidade pessoal de um dos sócios, que, ao precisar transportar 30 familiares, percebeu as possibilidades de economia relacionadas às alternativas de fretar um ônibus ou comprar 30 passagens de ida e volta em uma companhia tradicional. A diferença de preços era tão profunda que a ideia de transformar o modelo em um negócio veio à mente dos empresários.

Então, em 2017, a primeira encarnação da Buser, uma página no Facebook, cresceu muito mais rápido que o esperado, e a empresa logo começou a fazer viagens. Recentemente, a Buser recebeu aportes e capital de três diferentes grupos.

Yelp

Fundado em 2004, o Yelp é mais uma das grandes *startups* americanas. A empresa opera um *site* e um *app* que agregam resenhas e avaliações sobre negócios locais, como restaurantes, lojas, bares e várias outras opções de consumo e lazer. Também oferece um serviço de reservas para esses estabelecimentos.

Na plataforma, qualquer usuário pode fazer uma avaliação de qualquer negócio – geralmente, uma nota em um sistema de classificação (entre 1 e 5 estrelas) e um pequeno comentário acerca de sua experiência.

O Yelp atua em todo o mundo, mas é particularmente popular nos EUA e em partes da Europa. A empresa se monetiza por meio de anúncios e, em 2019, reportou uma receita acima de U$ 1 bilhão.

Tripadvisor

O Tripadvisor surgiu no ano 2000 com o intuito, desde sempre, de reunir conteúdos gerados pelos usuários sobre viagens e experiências pelo mundo. A companhia foi se transformando em um modelo cada vez mais pautado por tecnologia, incorporando mecanismos de busca para compra de passagens e reserva de hotéis e até restaurantes.

A empresa persegue todas essas fontes de arrecadação e, em 2019, teve uma receita superior a U$ 1,5 bilhão.

7.9 Pesquisa e desenvolvimento (P&D)

O setor de pesquisa e desenvolvimento (P&D) é um dos mais importantes centros de custo de diversas empresas. Trata-se de um investimento caro, mas com alto potencial de retorno, uma vez que é muito bem protegido por patentes e leis de propriedade intelectual. De qualquer forma, tanto em seu braço privado quanto no âmbito do setor acadêmico, é muito importante para o avanço tecnológico em geral.

Tradicionalmente, os departamentos de pesquisa foram construídos como silos de informação, desenhados para se manterem o mais distantes possível dos olhos de concorrentes diretos e indiretos. Embora esse modelo ainda constitua a maior parte do mercado, o poder do *crowdsourcing* na mitigação dos altos custos e na possibilidade de alavancar mais especialistas e entusiastas de diversos campos vem gerando novas oportunidades.

A participação da colaboração no P&D ainda é uma novidade na indústria, mas os modelos que vêm sendo gerados nesse filão já demonstram um grande horizonte para essa prática.

InnoCentive

O InnoCentive é uma empresa privada, fundada em 2001, com o objetivo de conectar as demandas de inovação internas de organizações com ideias e soluções de colaboradores que nem sempre estariam envolvidos nos processos decisórios, tanto interna quanto externamente.

A empresa permite que organizações postulem "desafios", normalmente envolvendo otimização de processos, diminuição de custos e outros fatores, associados a um "prêmio", tipicamente um valor financeiro. Assim, ela define uma série de parâmetros, incluindo regras sobre propriedade intelectual.

A ideia é manter o problema o mais abstrato possível para estimular colaborações por meio de muitas indústrias, mas, ao mesmo tempo, manter claras as condições para a aceitação da proposta. Os desafios podem ser oferecidos tanto para as equipes internas das empresas – ou seja, os funcionários – como para uma comunidade ampla de colaboradores externos. Por vezes, as respostas são apresentadas e, em outras, os procedimentos são validados por experimentação.

O InnoCentive é utilizado para a otimização processual tanto nas ciências gerenciais quanto nas de produção. A gigante química Procter & Gamble já usou a plataforma para usar o *crowdsourcing* na solução de problemas químicos e mecânicos em suas linhas de produção.

Em 2011, a organização premiou um médico americano com a quantia de U$ 1 milhão, em nome de uma fabricante de equipamentos médicos, pela patente de um método de medição da progressão da doença de Lou Gehrig que pudesse gerar a construção de uma máquina com esse fim.

Science United (BOINC)

O Science United é uma plataforma agregadora de poder computacional para catalisar pesquisas sem fins lucrativos. O modelo é, por vezes, chamado de *voluntariado computacional*, em que usuários pessoais entregam a capacidade processual não utilizada de suas máquinas para projetos científicos que demandam esses recursos.

A empresa atua por meio de uma plataforma única chamada BOINC, um programa que age como um protetor de tela que assume máquinas ociosas e atende a várias iniciativas de pesquisa nos campos da biologia, da astronomia e da física experimental.

O BOINC é um programa *open source* da Faculdade de Berkeley, na Califórnia, e existe desde 2002. Originalmente, o projeto abarcava apenas o programa SETI@home, que envolvia a busca por vida inteligente fora da Terra mediante análises de emissões de rádio de outros corpos celestes para a identificação de padrões que pudessem indicar a existência de uma inteligência emissora. Em sua encarnação atual, o programa oferece recursos para, ao menos, três programas científicos de pesquisa.

Wikipédia

Atualmente, é fácil perceber o impacto que o surgimento da internet teve e ainda tem nas indústrias de conteúdo físico. Os serviços de *streaming* suplantaram mídias físicas como o Blu-Ray, e o Kindle e outros *e-readers* transformaram as editoras de livros para sempre.

Mas no começo dessa história era muito mais difícil prever esses movimentos. De qualquer forma, um dos negócios que foram primeiramente impactados pelo surgimento da rede mundial de computadores foi a produção de enciclopédias.

As enciclopédias sempre foram coleções de livros extensas e caras que ocupavam bastante espaço nas prateleiras domésticas e precisavam frequentemente ser trocadas para se manterem atuais. Essa ferramenta de estudos logo sentiu o baque da digitalização e do acesso propiciado pela informática e pelas telecomunicações.

A ideia de um modelo de negócios para uma enciclopédia virtual foi um conceito perseguido desde cedo. A imensa maioria das enciclopédias físicas criou versões em CD para seus produtos, e grandes *players* do mercado tentaram criar assinaturas virtuais.

Contudo, encontrar uma conta que fechasse no azul se mostrou complicado, pois os custos de criação de uma enciclopédia tradicional sempre foram altos.

Tradicionalmente, a construção de enciclopédias envolvia encontrar, coordenar e remunerar diversos especialistas de vários campos científicos. O trabalho não só demandava muito tempo de pesquisa e escrita, como ainda exigia uma hierarquia rígida editorial, na tentativa de evitar redundâncias e discordâncias graves. Isso incluía, por exemplo, um processo de revisão envolvendo centenas de cientistas, o qual era demorado e custoso.

Em face dessas dificuldades, diversos projetos e tentativas de criar uma enciclopédia *on-line* nunca encontraram sucesso. A Nupedia, por exemplo, foi fundada em 2000 e queria conciliar a criação de verbetes por cientistas renomados com um modelo gratuito de acesso digital. No entanto, a proposta se mostrou muito morosa e complexa e, no primeiro ano de existência, o *site* só conseguiu aprovar 21 artigos.

Na esperança de tentar complementar o conteúdo tradicional com mais conteúdo, ainda que de menor qualidade, a empresa começou um projeto paralelo, uma enciclopédia que poderia ser editada e revisada por qualquer usuário, sem a cobrança de qualquer credencial. O projeto experimentou um crescimento acelerado e, em pouco tempo, a Wikipédia, como era chamada, eclipsou sua empresa-irmã. O *site* foi lançado em 2001 e já em 2007 havia se consolidado como uma das páginas mais relevantes do planeta.

O termo *wiki* tem origem no idioma havaiano e significa "rápido". Ele dá nome à tecnologia da plataforma que permite edições descomplicadas, disponíveis para todos os usuários. Hoje, a Wikipédia está disponível em mais de 250 línguas, com mais de 50 milhões de verbetes e mais de 1,5 bilhão de usuários mensais. A plataforma é indiscutivelmente a maior e mais usada ferramenta de referência na internet.

Esse modelo é um dos maiores testemunhos do poder da colaboração. Não só a Wikipédia é capaz de organizar mais verbetes, tópicos e assuntos que suas concorrentes tradicionais, como também estudos que visam comparar sua acuidade à das enciclopédias clássicas demonstram que o conteúdo é, também, bastante sólido. De todo modo, ela está sujeita a ser vítima de diversos problemas, em especial a interferência de diferentes vieses e politizações, principalmente em verbetes polêmicos.

Desde cedo, ficou claro que o sistema precisaria manter-se gratuito e independente para que pudesse ter valor. Por conta disso, a Wikipédia não aceita anúncios e é completamente financiada por doações, evitando os conflitos de interesse que poderiam derivar do fato de ter anunciantes.

Considerações finais

O principal objetivo deste trabalho foi apresentar uma visão do estado da arte do uso da colaboração nos negócios. A economia colaborativa consiste em um tema relevante para a atualidade, configurando-se como um campo que engloba diversas oportunidades de continuar transformando mercados e indústrias em todo o mundo e através dos tempos.

Para cumprirmos esse objetivo, na primeira parte do livro, examinamos as definições de *colaboração*. Foram propostas três abordagens: o *crowdsourcing*, a economia bilateral e a economia do compartilhamento. Também listamos diversos usos da colaboração no contexto de diversos mercados.

Na segunda parte, analisamos as forças no macroambiente e no microambiente que oferecem o arcabouço social e financeiro para a popularidade da colaboração na gestão, além de seu impacto e crescimento.

Por fim, na terceira parte, apresentamos as expressões mais pragmáticas dos modelos colaborativos, bem como as empresas, as iniciativas e os mercados associados a tais modelos. Embora a seleção feita não tenha um caráter definitivo, os casos descritos servem para estabelecer um parâmetro dos negócios que vêm demonstrando potencial de crescimento.

Esperamos que o conjunto de conceitos e exemplos contemplados nesta obra tenha sido capaz de promover um maior entendimento do assunto e, até mesmo, inspirar gestores, estudantes e entusiastas para que criem novas aplicações colaborativas e/ou incluam essas práticas em seus negócios.

Referências

COLABORAÇÃO. In: **Dicionário de Português da Google**. Disponível em: <https://www.google.com/search?q=define+colabora%C3%A7%C3%A3o&oq=define+colabora%C3%A7%C3%A3o&aqs=chrome. 0.69i59.9024j0j7&sourceid=chrome&ie=UTF-8>. Acesso em: 3 ago. 2021.

CROCKETT, Z. How the Sharing Economy Makes Us Trust Complete Strangers. **The Hustle**, 14 Apr. 2018. Disponível em: <https://thehustle.co/sharing-economy-trust>. Acesso em: 3 ago. 2021.

DEMARTINI, M. Um breve histórico da briga entre Facebook e Snapchat. **Exame**, 3 ago. 2016. Disponível em: <https://exame.com/tecnologia/um-breve-historico-da-briga-entre-facebook-e-snapchat>. Acesso em: 3 ago. 2021.

EBERSTADT, G. **How Trustworthy Are Customer Reviews?** 27 Aug. 2012. Disponível em: <https://www.turntonetworks.com/fr/blog/how-trustworthy-are-customer-reviews>. Acesso em: 3 ago. 2021.

EVANS, D.; SCHMALENSEE, R. **Catalyst Code**: The Strategies Behind the World's Most Dynamic Companies. Brighton: Harvard Business Review, 2007.

FORBES. **81% dos norte-americanos estão no Facebook**. 14 nov. 2016. Disponível em: <https://forbes.com.br/outros_destaques/2016/11/81-dos-norte-americanos-estao-no-facebook/>. Acesso em: 3 ago. 2021.

HOWE, J. The Rise of Crowdsourcing. **Wired**, 6 Jan. 2006. Disponível em: <https://www.wired.com/2006/06/crowds>. Acesso em: 3 ago. 2021.

IMEUSP – Instituto de Matemática e Estatística da Universidade de São Paulo. **As pontes de Königsberg**. Disponível em: <https://matemateca.ime.usp.br/acervo/pontes_konigsberg.html>. Acesso em: 3 ago. 2021.

MACHADO, R. Tormenta 20 bate recorde histórico de financiamento coletivo no Brasil. **Blog Catarse**, 27 jun. 2019. Disponível em: <https://blog.catarse.me/post/tormenta-20-bate-recorde-historico-de-financiamento-coletivo-no-brasil>. Acesso em: 3 ago. 2021.

MARI, A. Brazil's iFood Makes Multimillion-Dollar Investiment in AI. **Forbes**, 10 Apr. 2019. Disponível em: <https://www.forbes.com/sites/angelicamarideoliveira/2019/04/10/brazils-ifood-makes-multimillion-dollar-investment-in-ai/?sh=335df0cd5871>. Acesso em: 3 ago. 2021.

NASH, T. **Tweeter**. 20 Mar. 2015a. Disponível em: <https://twitter.com/Nashy/status/578957715919208448>. Acesso em: 3 ago. 2021.

NASH, T. **Tweeter**. 20 Mar. 2015b. Disponível em: <https://twitter.com/Nashy/status/578957763637821440>. Acesso em: 3 ago. 2021.

NO BRASIL, 124 milhões de pessoas estão conectadas a apps de relacionamento. **Terra**, 18 jun. 2018. Disponível em: <https://www.terra.com.br/noticias/dino/no-brasil-124-milhoes-de-pessoas-estao-conectadas-a-apps-de-relacionamento,2b9e474b15b227fce3d0f3ec0c2ab6e5wg057fs5.html>. Acesso em: 3 ago. 2021.

PEGN – Pequenas Empresas, Grandes Negócios. **Startup de entregas James Delivery é comprada pelo GPA**. 11 dez. 2018. Disponível em: <https://revistapegn.globo.com/Startups/noticia/2018/12/startup-de-entregas-james-delivery-e-comprada-pelo-gpa.html>. Acesso em: 3 ago. 2021.

POZZI, S. OCDE adverte para o declínio da "comprimida" classe média. **El País**, 10 abr. 2019. Disponível em: <https://brasil.elpais.com/brasil/2019/04/10/economia/1554852737_287760.html>. Acesso em: 3 ago. 2021.

PRPIC, J. et al. How to Work a Crowd: Developing Crowd Capital through Crowdsourcing. **Business Horizons**, v. 58, n. 1, p. 77-85, 2015.

VIEIRA, R. **Turismo responde por 8,1% do PIB Brasil; veja dados globais**. 6 mar. 2019. Disponível em: <https://www.panrotas.com.br/mercado/economia-e-politica/2019/03/turismo-responde-por-81-do-pib-brasil-veja-dados-globais_162774.html>. Acesso em: 3 mar. 2021.

WIKIPÉDIA. **Wikipédia**. Disponível em: <https://pt.wikipedia.org/wiki/Wikip%C3%A9dia>. Acesso em: 3 ago. 2021.

WORLD BANK. **World Development Indicators Database**. 1 July 2021. Disponível em: <https://databank.worldbank.org/data/download/GDP.pdf>. Acesso em: 3 ago. 2021.

Sobre o autor

Carlos Margarido é graduado em Administração pela Faculdade de Economia, Administração, Contabilidade e Atuária da Universidade de São Paulo (FEAUSP) e em Comunicação Social pela Escola Superior de Propaganda e Marketing (ESPM), bem como mestre em Comportamento do Consumidor também pela ESPM. Em 2008, em sociedade com amigos que conheceu na faculdade, fundou a Endossa, marca pioneira no mercado de lojas colaborativas. É um apaixonado (e um evangelista) pelo poder disruptor do paradigma colaborativo para todos os tipos de negócios.

Os papéis utilizados neste livro, certificados por instituições ambientais competentes, são recicláveis, provenientes de fontes renováveis e, portanto, um meio responsável e natural de informação e conhecimento.

FSC
www.fsc.org
MISTO
Papel produzido a partir de fontes responsáveis
FSC® C103535

Impressão: Reproset
Fevereiro/2022